围棋 常见死活题

沈果孙　编著

辽宁科学技术出版社
沈阳

图书在版编目（CIP）数据

围棋常见死活题 / 沈果孙编著. —沈阳：辽宁科学技术
出版社，2023.2
ISBN 978-7-5591-2858-4

Ⅰ.①围… Ⅱ.①沈… Ⅲ.①死活棋（围棋）—基本
知识 Ⅳ.①G891.3

中国版本图书馆CIP数据核字（2022）第257572号

出版发行：辽宁科学技术出版社
　　　　　（地址：沈阳市和平区十一纬路25号　邮编：110003）
印 刷 者：辽宁新华印务有限公司
经 销 者：各地新华书店
幅面尺寸：170mm×240mm
印　　张：15
字　　数：200千字
印　　数：1~4000
出版时间：2023年2月第1版
印刷时间：2023年2月第1次印刷
责任编辑：于天文
封面设计：潘国文
责任校对：徐　跃

书　　号：ISBN 978-7-5591-2858-4
定　　价：48.00元

联系电话：024-23284740
邮购热线：024-23284502
E-mail:mozi4888@126.com
http://www.lnkj.com.cn

前　言

围棋的死活题，大致可分为三种。

第一种是在实战中经常能遇到的，即本书中的常见实用死活题。这种死活题的特点是每一个子都在合理的位置上，没有斧凿的痕迹。学会这种死活题，能在对局时直接运用。

第二种是前人在对局中遇到之后，稍加修改而做成的死活题。这类死活题中，有些子不在合理的位置上。学习这类死活题，主要是练习手法。

第三种是历代高手挖空心思创作的。这类死活题，有很多不合理的子，在实战中是不可能遇到的。学习这类死活题，主要是锻炼计算能力，同时也是一种欣赏。

第一种和第二种是较难区分的。本书着重于第一种，目的是使读者能收到实效。

编著者

2007年5月

目 录

第一章

角部死活题

一、五死六活

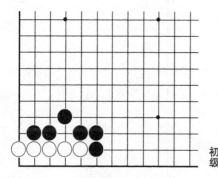

初级

问题图（黑先白死）

在边上是"七死八活"，占到角端，活棋容易一些，是"五死六活"。现在五个白子，你能杀死白子吗？

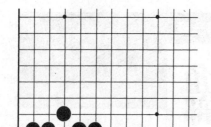

解答图

黑1扳缩小白方眼位，白2挡，黑3点入破眼，可杀死白子。

黑1先在3位点，白1位立，黑再下A位，也能杀死白子。

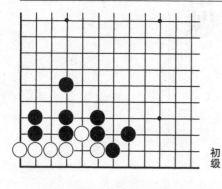

初级

问题图（黑先白死）

白角端虽有六子，但棋形不完整，黑利用白方棋形缺陷，仍可杀死白子。你将怎样入手呢？

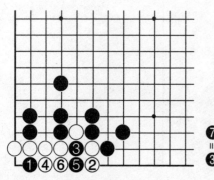

解答图

黑1点入，是唯一的杀着。初学者爱在2位打，白可5位做劫，不能净杀白子。又若黑1先在5位点，则白2位挡，活了。今白2扩大眼位，黑3扑至黑7杀白，黑的3、5、7是常用破眼手法。

2

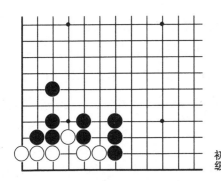

初级

问题图（黑先白死）

现在白棋的"卡口"向角部移了一路，但仍是死棋。黑先，你将怎样杀白呢?

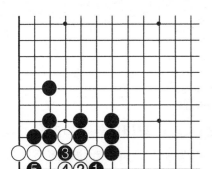

解答图

黑1扳，缩小眼位，是正确下法。如果误走3位扑，白4位提，成"三眼两做"的活棋。又若在5位先点，白1位立，亦活。

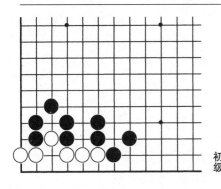

初级

问题图（黑先白死）

白方的"卡口"再向角上移一路，仍是死棋。你能杀白吗? 请记住这个图形，因为常能用上。

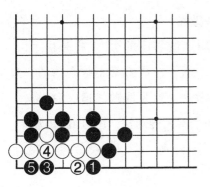

解答图

黑1仍应采用缩小眼位的方法。白2挡后，黑3点入是破眼要点。至黑5，白死。白4若改下5位，则黑在4位连扑两次，白死。

3

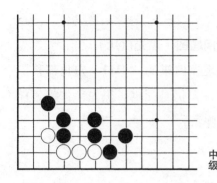

问题图（黑先白死）

在让子棋中，白棋强行掏空，很容易出现这样的棋形。黑先，你能杀死白棋吗？本题着法不难，列为中级是因为初学者常常下错。

中级

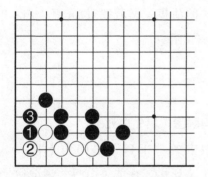

解答图

黑1夹，白2只有虎。黑3退回杀白，简单明了。但初学者往往随手打吃，白就活了。

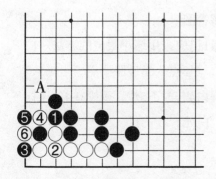

失败图

黑1（解答图的黑3）打是俗手，白2粘，活了。黑方又不甘心白活，3扳、5做劫，这是取败之道。白6提，黑找一个不大的劫材，白可A跳消劫。

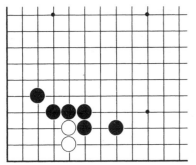

问题图（白先劫）

角上这样两个白子，还有活路吗？我们已经知道，走三三是不能活的。那么，你将下在哪里呢？

高级

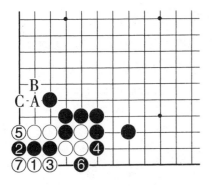

解答图一

白1是唯一的求活要点。黑2飞下，是针锋相对之着。至黑6，白有两种下法，均成劫争。白7夹，黑8只有打，白9成劫争。

黑错着图

白1夹时，黑2立是错着，白3退回即活。黑4、6破这边的眼，白7提后，成"直三"，边上还有白A、黑B、白C的眼位，白活。

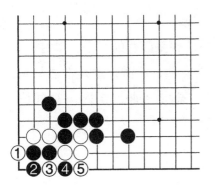

解答图二

白1在这边扳，黑2曲，白3必须扑入，让黑4提，白5再打才成劫。虽同样是劫，但稍不如解答图一，因为这个劫，黑可暂时不管。

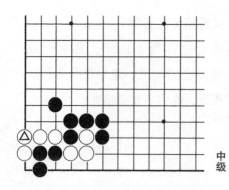

问题图（黑先白死）

具有两三段棋力的业余棋手，容易产生这样的错觉，认为白△粘，可以净活，其实却成了净死。黑先，你能杀白吗？

中级

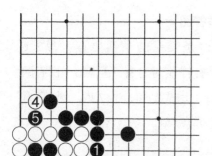

解答图

黑1紧气，是谁都会下的。现在白无法在3位扑了，白2只有打吃，黑3是易被忽略的愚形妙手。我们知道"方四"是补不活的，白提是后手，白4则黑5，边上的眼被破掉了，白死。

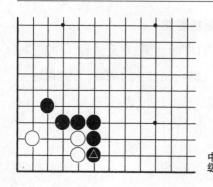

问题图（白先白活）

黑在△位挡，引而不发，是黑在下边没有三路子时的下法。白先，白角是活棋，你打算怎样补活呢？

中级

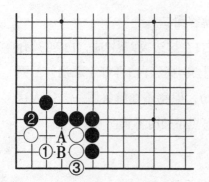

解答图

白1尖，是简明的一手，黑2挡，白3立是要点，白活。这是常能见到的棋形。黑2若A曲是俗手，白可B位粘，黑官子亏损。

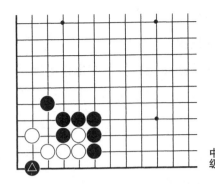

问题图（白先白活）

黑●强行点入，看样子就是杀不死白子的。但你要注意一下行棋次序。

中级

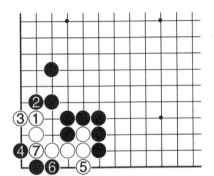

解答图

白1扩大眼位，黑2挡，白3立下，黑4破眼，白5立，黑6破眼，白7团，白活。请注意，角上是"假双活"，白可收气吃黑三子。

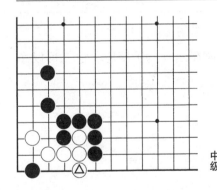

问题图（黑先白死）

白△立，以为扩大眼位，其实却出了毛病。黑先，你能杀死白棋吗?

中级

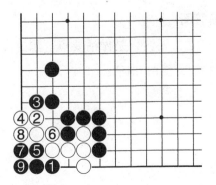

解答图

黑1破眼，只此一手，大家都会下。白2、4做眼时，黑5挤是杀着。白6只能粘，若走7位，黑6位断，成"金鸡独立"。黑7做成一眼，白8收气，黑9杀白。

二、角上做活的最小空间

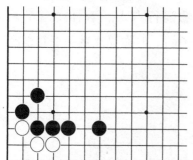

初级

问题图（白先劫）

这是边角上白棋能够出棋的最小空间，左边无白子接应，白只能做成劫活。

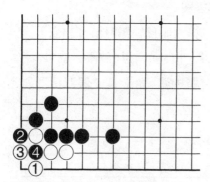

解答图

白1虎是唯一的一手棋。黑2打，白3做劫，黑4提，成为劫争。

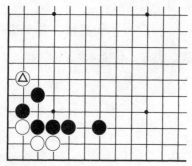

初级

问题图（白先白活）

现在白有△子接应，白先可以净活。

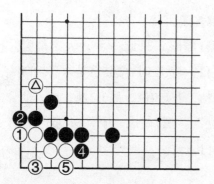

解答图

白1立，要渡，是做活要点。黑2挡，白3虎，至白5白活。

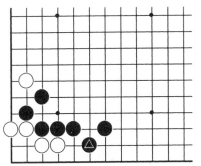

问题图（黑先白死）

黑多了▲子，黑先，黑可杀死白子。

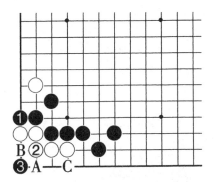

解答图

黑1平凡挡住，白2粘，黑3点入，白死。

白2若A虎，则黑B打吃，白2位粘，黑C杀白。

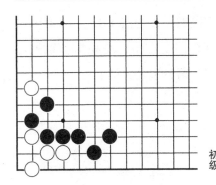

问题图（黑先白死）

这一棋形，黑仍能净杀白子。第一手是关键。

初级

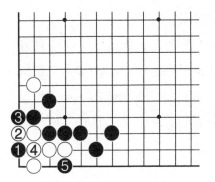

解答图

黑1点入是破眼要点，白2立下，黑3打正好阻渡，白4粘，黑5破眼杀白。

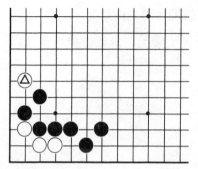

问题图（白先劫）

这一棋形，白先还是能走出一点棋来的，白先成劫。

应充分利用白△子。

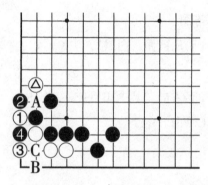

解答图

白1扳，最大限度利用白△，黑2打，白3做劫，黑4提成劫争。黑如打不过劫，黑A、白B，继续打劫。

黑2若先在C位打，则白3位做劫。

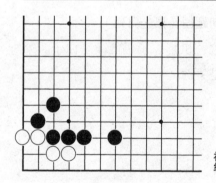

问题图（黑先白死）

这样四个白子，是死形。黑先可以杀白，第一手是关键。

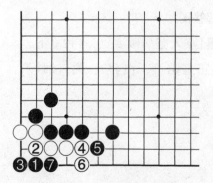

解答图

黑1点入，破眼要点。白2只有粘，黑3继续破眼，至黑7成为"盘角曲四"杀白。"盘角曲四"是一种很特殊的死棋，叫"劫尽棋亡"或"局终乃亡"。

初级

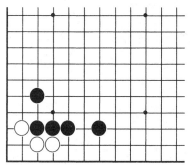

问题图（黑先白死）

这样三个白子，仍是死形，但攻杀稍有难度。第一手是关键。

中级

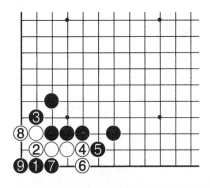

解答图

黑1仍是破眼要点，初学者易在3位虎，被白在1位虎，就成劫杀了。白2粘后，黑3虎，仍成"盘角曲四"杀白。

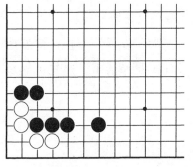

问题图（黑先白死）

白棋多交换到了一手，但仍是死形，黑先可杀白。只是要注意，第一手不要点错地方。

中级

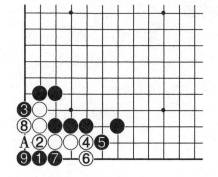

解答图

黑1仍在这里点。请注意要在易做眼的一边点，若误走A位，白1位虎可活。今白2粘，黑3扳至黑9，仍为"盘角曲四"杀白。黑3改下4位也可杀白。

三、小猪嘴

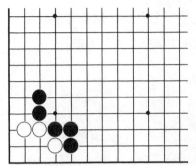

问题图（白先白活）

这是侵分无忧角后形成的棋形，白先可活。

初级

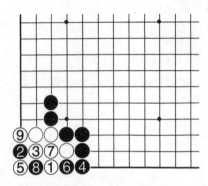

解答图

白1虎，做活要点，俗称"小猪嘴"是活棋。黑2点入，白3做眼，黑4立时，白5扑是关键，至白9形成"胀牯牛"。白活。

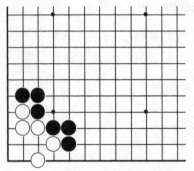

问题图（黑先劫）

"小猪嘴"多了一个拐，被黑挡住后，反而不是净活了，黑先可劫杀白棋。

初级

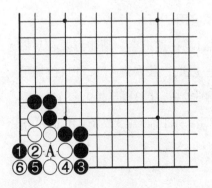

解答图

黑1点入，攻杀要点。白2只有做眼。黑3立，白4从官子角度而言，应这样团眼，黑5扑成劫争。

白4若5位扑，则黑4位、白A位、黑5位仍是劫。

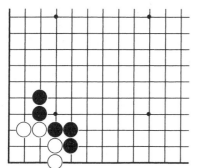

问题图（黑先白死）

这样四个白子，棋形不佳，是死形。黑先，怎样杀死白子呢?

初级

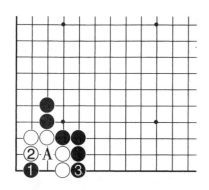

解答图

黑1点入，杀棋要点。白2团，黑3挡，做"倒扑"，白死。

白棋不能再走了，若A粘，会成"后手死"。

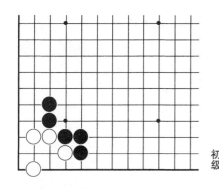

问题图（黑先白死）

这样四个白子，也是死形。黑棋该怎样杀白呢?

初级

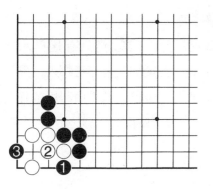

解答图

黑1从一路打，是破眼要点。白2粘，黑3点，白死。黑1如误走2位打，则白在1位立，活了。

13

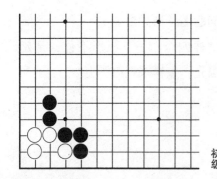

问题图（黑先劫）

这样四个白子，不是活形，黑棋走时，将成劫争。

初级

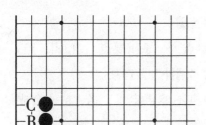

解答图

黑1打，破眼要点。白2只有做劫，黑3提，成劫争。黑如打不过劫，还可在A位粘，以下白B、黑C、白D、黑3，继续打劫。

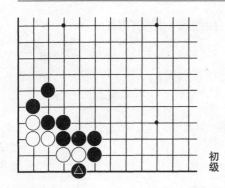

问题图（白先白活）

白棋多爬过一子，是活形。黑△扳时，你能补活这块白棋吗？

初级

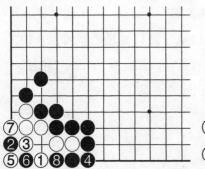

解答图

白1虎做眼，黑2仍只有这里点入，白3挡，黑4粘时，白5可扑入，黑6提与不提是一样的，结果白利用"打二还一"保证了眼位。

⑨=⑤

四、大猪嘴

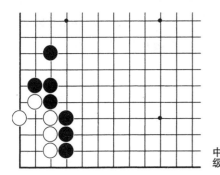

中级

问题图（黑先白死）

这个棋形称为"大猪嘴"。黑先，可净杀白棋。关键在于第一手。

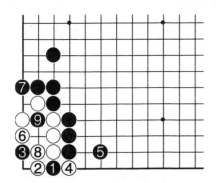

解答图

黑1缩小白眼位，是唯一的杀手。白2必挡，黑3点入，白死。

请记住：大猪嘴扳点死。

白4提，黑5可补。白6以下至黑9，杀死白棋。

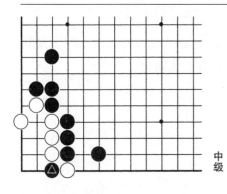

中级

问题图（白先白活）

大猪嘴多了一路扳，黑▲扑，轮白走，白棋能活。你将怎样做活呢？

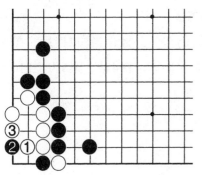

解答图

白1虽然难看，却是唯一的活棋方法。

黑2点，白3打，一路白子起了作用，黑无法破角上白眼，白活。黑2若走3位，白下2位亦活。

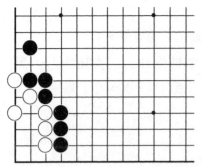

问题图（黑先劫）

大猪嘴这边多一路扳，却不是活形，黑先将形成劫争。你不妨试试。

中级

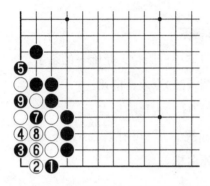

解答图

黑1扳3点，着法与杀大猪嘴相同。白4顶，黑5打要比能立下时差一点。白6打时，黑7扑是关键。白8提，黑9提，成劫争。

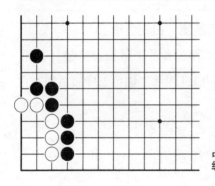

问题图（黑先劫）

这个图形与大猪嘴稍不同，是劫杀。黑先，你将怎样杀白？

中级

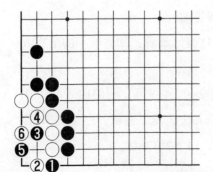

解答图

黑1仍在一路扳，当白2挡后，黑3必须在这里靠。白4粘，黑5尖，白6扑，成劫争。

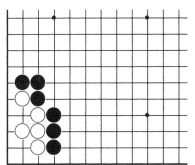

初级

问题图（黑先劫）

白棋的这个图形，仍非活形，黑先，将成劫争。你打算怎样下呢？

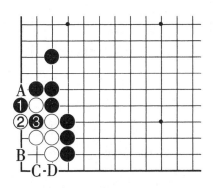

解答图

黑1打，简明的一手，白2只有做劫，黑3提成劫争。

黑如打不过劫，还可在A位粘，经白B、黑C、白D、黑3继续打劫。

黑1若于B点入，见下图。

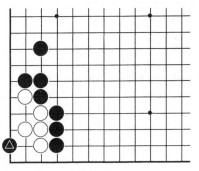

中级

问题图（白先劫）

黑▲点入，白将怎样应付呢？白最多能做成劫争。你不妨试试。

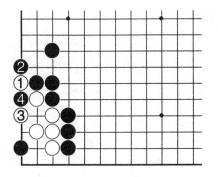

解答图

白1扳，最强抵抗，黑2挡，白3做劫，黑4提，成劫争。就白方而言，这个劫是两手劫，不利。但黑方外围也有些问题。比较难解。

五、带钩

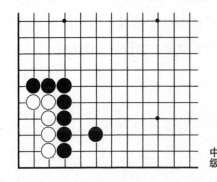

中级

问题图（黑先万年劫）

白棋的这个棋形称"带钩"。现在没有外气，称"紧带钩"。黑先，将形成"万年劫"。

解答图

黑1夹，是唯一的要点。白2扳阻渡，黑3长破眼，白4扳。黑5打时，白6是关键之着，若打吃，则成劫争。通常认为万年劫要比马上打劫好。

为何称"万年劫"呢？只因无论哪方提劫后均不肯粘劫，这个劫一直放在那里。

问题图（黑先双活）

白棋松了一气，称"松带钩"，是活棋。黑先将形成双活。不过，白方千万别下错啊！

解答图

黑1仍夹，白2阻渡。当黑3长时，白4夹是妙手。黑5正着，白6退成双活。通常认为双活比万年劫好，白应选择双活。黑5若于6位打，则白5位，黑A提，白5位回提，白净活。

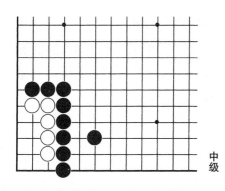

问题图（黑先白死）

白紧带钩，黑又有硬腿，黑先白死。你将怎样杀白？关键在于第一手。

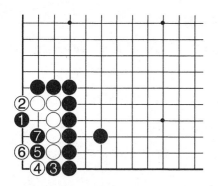

中级

解答图

黑1在这里点入，是较难想到的一手，其用意是不让打劫。白2只有挂，黑3再冲，至黑7止，成"金鸡独立"杀白。

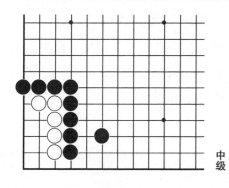

问题图（黑先白死）

现在黑方另一边有硬腿，同样能净杀白子。但你要注意一下行棋次序。

中级

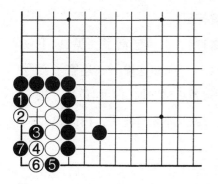

解答图

黑1冲、3点是好次序，白只有2、4应着。黑5扳，白6挡，黑7再扳，白无法分开做两眼，黑以"曲三"杀白。

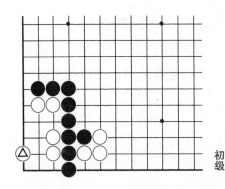

问题图（黑先白死）

这是让子棋中白强行掏入黑空形成的棋形，白最后一手在△位跳。黑方该怎样杀死白子？

初级

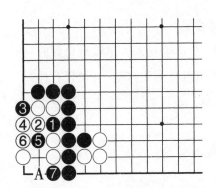

解答图

黑1冲、3扳，是最稳当的杀法。至黑7打，白死。其中白4若在5位粘，则黑A位跳入杀白。黑方的要领是保留7位与A位的变化。

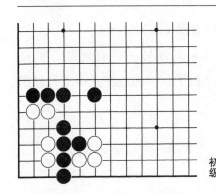

问题图（白先白活）

现在，白角松了一口气，白先，可以活出。对照上图，黑在行棋中可千万不要让白松气。

初级

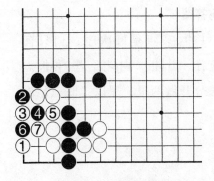

解答图

白1跳，白棋已活了。黑2以下仅是示意图，你如这样下，连官子都亏了。黑4若于5位冲，白可4位挡，松一口气，7位就不是打吃了，白活。

六、点入大飞角

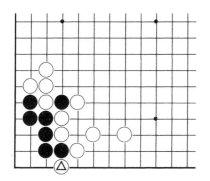

问题图（黑先黑活）

这是点入大飞角后的棋形，是没有问题的活棋。白△扳，你将怎样补活呢？

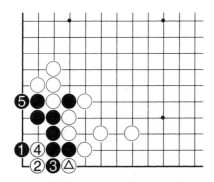

解答图

黑1补是正着，黑棋已活，官子也不损。白2以下是示意图，黑棋活得大了。白2若5位扳，黑可3位打。

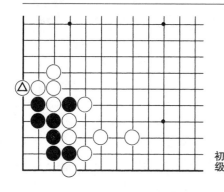

问题图（黑先黑活）

在有白△子的情况下，黑角怎样补好呢？

初级

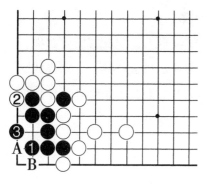

解答图

黑1是最老实的活法。白2冲，黑3做活，角上目数少了，但没有办法。黑1若误走A位，白B点入，黑死。

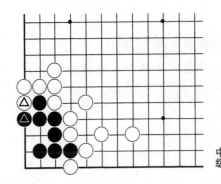

问题图（白先劫）

有了白△和黑△交换，角上就有问题了，将成劫争，要求双方下对。

中级

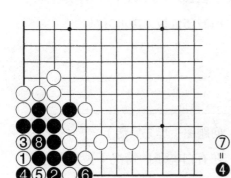

解答图

白1顶是要点，黑2顽强抵抗。此手若走3位，则白5位，成白方的无忧角。今白3破眼，黑4扑入成劫，白5提，黑6提，白在4位粘，黑8提，续见下图。

⑦ = ❹

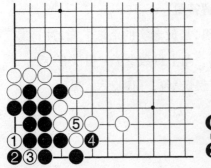

续前图

白1继续点入，黑2抛劫，白3提，黑4打是现成劫材，白5粘，黑6提成劫争。这是白方最佳攻击和黑方最强抵抗。

❻ = ❷

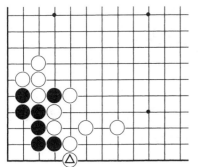

问题图（白先劫）

白△立下，黑角有点儿问题了。黑若不补，白将怎样攻击，黑又将怎样抵抗呢？

中级

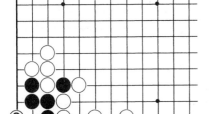

解答图

白1是点眼要点，黑2扳，白3尖是好手。黑4是最强抵抗，逼白5抛劫，黑6提，成劫。这个劫是"二段劫"，即白打赢劫后还要打劫。因此，白△是先手，但不是急先手。

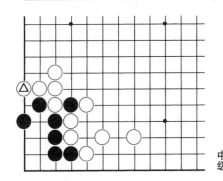

问题图（白先黑死）

黑角改成虎，白△立是急先手，黑该补棋。若不补，你能杀黑吗？

中级

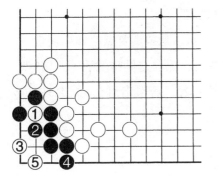

解答图

白1扑，是杀棋要点，待黑2提后，白3再点入。黑4则白5，黑提一个白子处无法团眼，角上是"盘角曲四"，黑死。

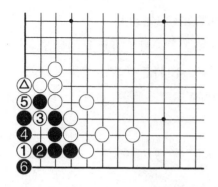

失败图

白1先点是错着，黑2顶就活了。白3再扑，黑4弃一子可活。

请注意，从死活棋角度而言，白先在△位立是先手；从官子角度而言，先在1位点较便宜。

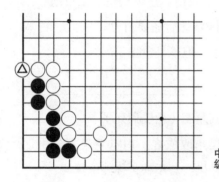

中级

问题图（白先黑死）

棋形稍不同，黑在二路多爬到了一手，白△立，仍是急先手。黑若不补，白先，你能杀黑吗？

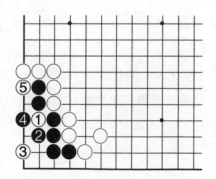

解答图

白1断，是杀棋要点，如果误走一路冲或夹，黑在这里粘就活了。白3点入关键之着，若误走5位，黑走3位可活。

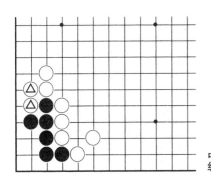

问题图（黑先黑活）

这是点入大飞守角的另一个棋形，白△扳粘是先手，黑必须补一手。你将怎样补活呢?

中级

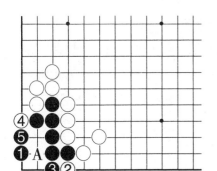

解答图

黑1跳补是正着，确保活棋，且不损官子。白2至5是示意图，说明黑可挡住。黑1若A补，虽也是活棋，但官子亏损。

25

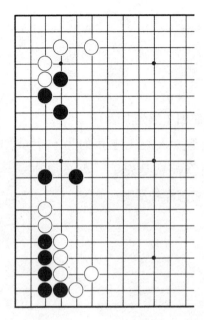

问题图（白先黑活）

在边上是黑阵的情况下，白可通过攻击黑角，从而穿入黑阵。你是白方，将怎样下呢？

高级

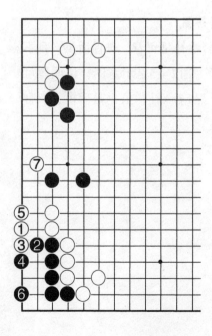

解答图

白1跳，漂亮的一手。黑2曲，是唯一的应手。白3冲、5双，黑角将成劫杀，黑6补角，白7顺利穿入黑阵。

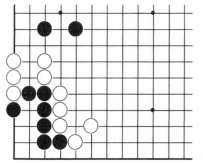

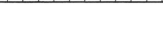

中级

问题图（白先劫）

黑角若不补，白先动手，将成为劫争。要求双方走出最善结果。

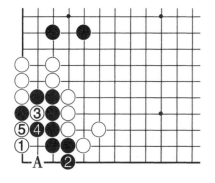

解答图

白1点入，是唯一的杀手。黑2立，是最强抵抗，这手棋的好处是让白3先来送吃一子，至白5成劫。黑可走A位马上打劫，也可暂时放一放，白仍无法一手吃净黑角。

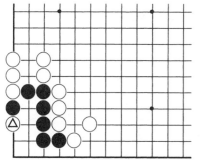

初级

问题图（黑先黑活）

白△打吃是错着，这样打吃一子的人，水平在业余3级以下。现在黑角能活，你如能活出，水平在3级以上。

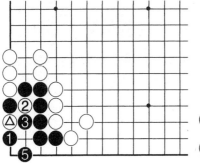

＝
△

解答图

黑1反打，是唯一的活棋之着。若走3位则白在1位长，成劫争。白2只有提，黑3再打，白4粘，黑5活出。

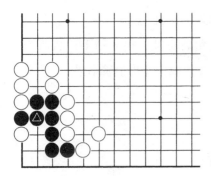

问题图（白先劫）

黑△粘是错着，角上将成劫争，但有一定难度。你如能下对，水平在业余初段以上。

中级

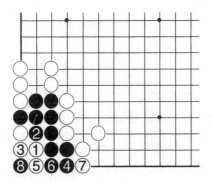

解答图

白1尖，是唯一的杀着。黑2打，白3可粘。黑4利用上方有外气，可在这里立，白5破眼，黑6打，白7亦打，黑8提，续见下图。

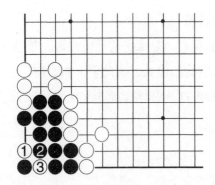

续前图（劫）

白1打吃，黑2只有做劫，白3提，形成劫争。本图黑角出现了一个特殊的"曲四"。

28

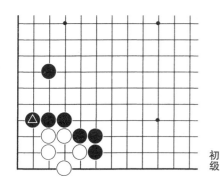

初级

问题图（黑先劫）

这是点入大飞角的一个变形。黑△立下通常是先手，但白不应，你将怎样进攻白角呢？

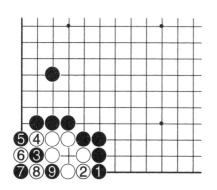

解答图

黑1立、3靠，是相关联的进攻手段。初学容易忽略黑1这手棋。白2只有"团"，至黑9成劫争。初学者掌握这一下法就可以了。至于黑1先在6位飞，也是打劫，但稍复杂，让水平较高者去考虑。

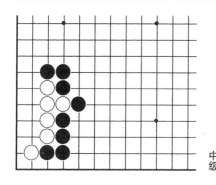

中级

问题图（白先白活）

这是点入大飞角后，黑在二路扳形成的棋形。白先，当然能活，但怎样活好一点儿呢？

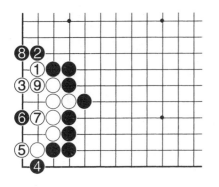

解答图

白1扳、3虎，是积极的活棋方法，比在4位立求活好。黑4扳至白9止，是黑方的先手权利。白9是需要补一手的。

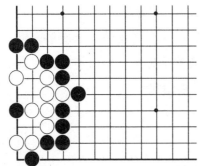

问题图（黑先白死）

上图白9需补，白若不补，黑先，你能杀白吗？

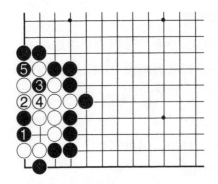

解答图

黑1破眼，是唯一的杀着。接下来，2、3两处黑必得其一。白2若下3位，黑2位长，角上是"断头曲四"的死棋。

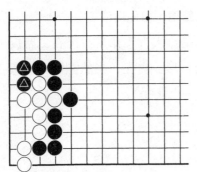

问题图（黑先白死）

白在角上立下，黑△扳粘是先手，白需补棋。白若不补，你能杀死白子吗？

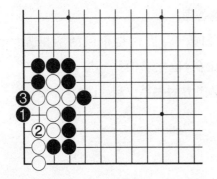

解答图

黑1点入，是唯一的杀着。这手称为"老鼠偷油"。白2粘，黑3退回，就像老鼠把尾巴伸进了油瓶。白2若于3挡，则黑在2位断。

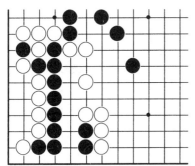

中级

问题图（黑先劫）

边上是白点入大飞角后黑取势的棋形。在中盘战中，黑外部被围，你看，黑棋还有什么办法吗？

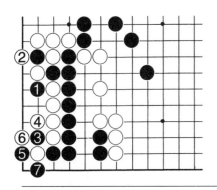

解答图

黑1打、3断是常用手筋，白2、4必应。黑5是关键之着，白6提，黑7形成劫争。这个劫虽是"两段劫"，但在实战中，黑劫胜的可能居多。

七、角上两三子

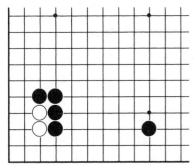

中级

问题图（白先劫）

角上这样两子，是常能见到的，通常是点黑单关守角后形成的棋形。白先，你将怎样下？

解答图

白1扳、3虎，是常用手法。黑4打时，白5只有做劫。白5若于6粘，则黑A扳，白死。

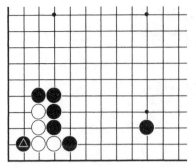

问题图（白先白活）

黑△先点一手，白粘接后黑再二路扳。初学者误认为黑△是破眼要点，其实却是帮人做活。你将怎样活出白角呢？

初级

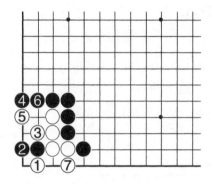

解答图

白1扳，是做眼要点。黑2只有立下破眼，白3是朴实的一手，确保眼位。黑4跳是花枪，白5尖顶确保眼位，至白7，白活。

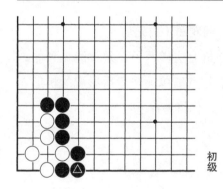

问题图（白先白活）

白打劫后，黑△粘接，白角已活。你将怎样补活这个白角呢？

初级

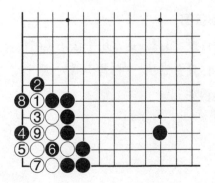

解答图

白1扳、3粘即活。黑4点入，白5挡，确保两眼。黑6提，白7可粘，至白9白活。黑4若先在6位提，白7位粘，同样活棋。

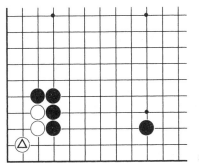

问题图（黑先劫）

白△不扳而尖，是不好的。黑先，虽然也成劫争，但这劫对白棋很不利。你将怎样动手呢？

中级

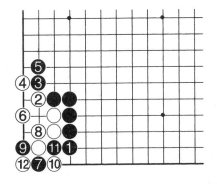

解答图

黑1立，是破眼要点。白2扳，黑3挡，白4只有这样扳才能成劫。黑5退，先走厚外围。白6虎，黑7托，至白12成劫争。

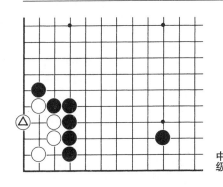

问题图（黑先白死）

白△虎，角上白棋成了净死。你能吃掉这块白棋吗？

中级

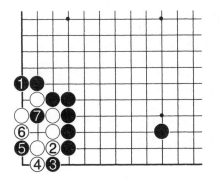

解答图

黑1立，引而不发，白角已无法做活。这手棋很简单，但初学者往往下不出来。白2团，至黑7扑，白死。白2若走6位，黑7位扑，白死。

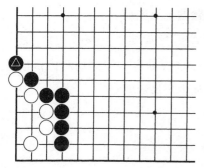

问题图（白先白活）

黑△在这里打，这块白棋就活了。白先，你将怎样做活这块白棋呢？

初
级

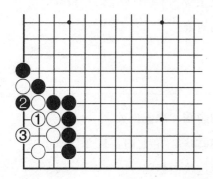

解答图

白1粘，引而不发，是求活要点。黑2提，白3做眼，白活。

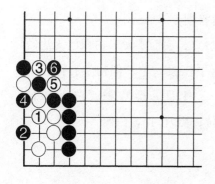

参考图（劫）

白1粘，黑2强行点眼，白3打，黑4提，白5再打，黑6反打成劫。黑不好。通常的死活书，总认为打劫比让对方净活好。但本书是实用死活题，因此劝你不要这样打劫。

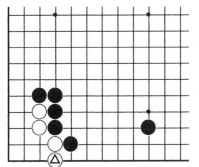

问题图（黑先转换）

白立下，样子很难看，却是具有迷惑性的一手，不可掉以轻心。黑先，你将怎样下呢？

解答图一（转换）

黑1点，破眼要点，白不能在角上应，无论粘或虎均是死形，白2只有突围。黑3断、5打，成转换，黑不坏。

解答图二（攻击）

白2夹时，黑3粘注重整体攻击。白4渡，黑5夹必走，白6粘，黑7退，黑继续攻击白棋。这也是可选择的方案。

解答图三（白活）

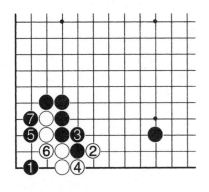

黑1挡，重视边空，是明智的一手，白2只有粘，白活。将来黑有A位扳后B粘或C虎的先手，也有B立后D扳的先手。黑可下。

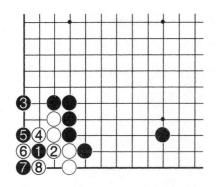

参考图（劫）

黑1点、3跳，虽是常用手筋，但并不好。白4挡、6扑成劫。这个劫白有本身劫材，而且越打黑损失越大，黑不乐观。

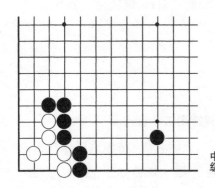

中级

问题图（黑先劫）

这个图形，白角棋形不佳，黑先，攻击得法的话，白棋只能做成赖皮劫。第一手你在哪里进攻呢？

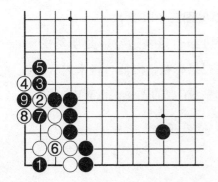

解答图

黑1做倒扑，是攻击要点，白棋不能粘，只有2、4连扳，这样做成的劫称为"赖皮劫"。黑5也可6位扑，得实利。

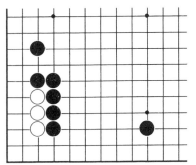

问题图（黑先白死）

角上这样三子是死形。黑先，你将怎样杀白呢？这里有最简洁的杀法，要注意。

中级

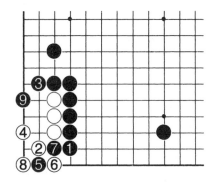

解答图

黑1立，引而不发，角上白子无法做成两眼。白2尖，则黑3又立。白4虎，黑5托、7打，黑9尖，白边上无法做眼，白死。

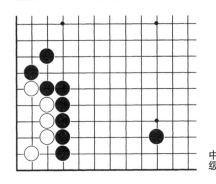

问题图（黑先白死）

白先在二路扳后，再在角上尖，但仍是死形。黑先，你将怎样杀白呢？

中级

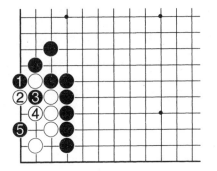

解答图

黑1在一路打是破眼要点，若误走3位打，则白4位打，不能净杀白棋。白2、4是哄骗之着，黑5点是破眼要点，白死。

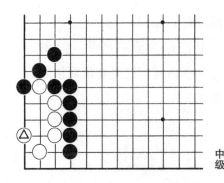

问题图（黑先白死）

白△尖，是具有迷惑性的一手，但仍是死形。黑先，你将怎样杀白呢？

中级

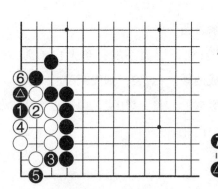

解答图

黑1长，是冷静的杀着。白2粘，黑3挤，要在4位破眼，白4只有打，黑5扳，白6提，黑7扑，破眼并阻止白逃出，白死。白2若先下4位，结果相同。

7
=
△

问题图（黑先白死）

白棋形散乱，黑有简明的杀法。希望初学者都会下。

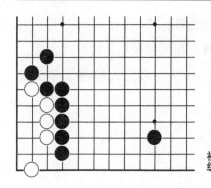

初级

解答图

黑1打、3提，应该是谁都会下的，角上白子无法做出两眼，白死。

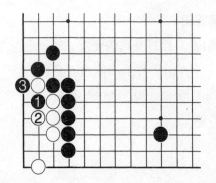

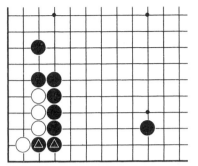

问题图（白先劫）

黑▲扳粘，是俗手，给了白棋活路。白先，你将怎样下呢？要求双方最善次序。

高级

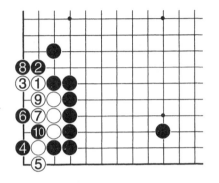

解答图

白1扳、3立，扩大眼位，是唯一的求活方法。黑4夹，好次序，白5当然立下。黑6点，白7只有这样应。黑8是先手便宜，待白9粘后，黑10再抛劫，成劫争。如果拉下黑8未走，则不算答对。

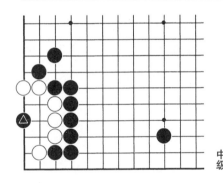

问题图（白先白活）

黑▲先点是错着，这块白棋就活了。白先，你打算怎样求活？可千万别玩花着。

中级

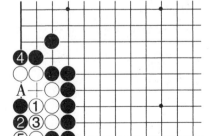

解答图

白1顶，求活要点，黑2长，白3朴实地粘，成为"三眼两做"的活棋。黑2若于5位夹，则白A打，黑B打，白可3位粘活棋。

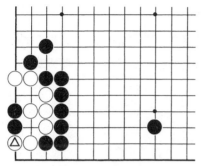

问题图（黑先白死）

白△玩个花枪，就把活棋玩死了。你能吃死这块白棋吗？

初级

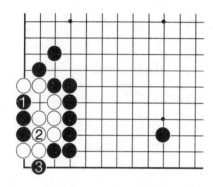

解答图

黑1长，要吃"接不归"，白2必须补，黑3扳，白死。

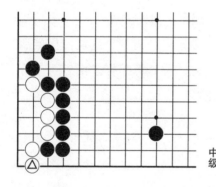

问题图（黑先白死）

白△立是失着，白棋是死形。黑先，你将怎样杀白呢？

中级

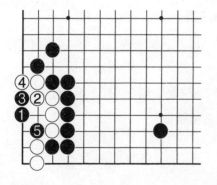

解答图

黑1在白三子的中间"点"，是破眼要点。白2粘，黑3要渡，白4只有挡，黑5断，杀白。

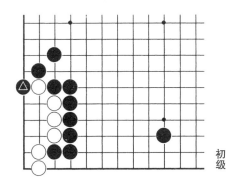

初级

问题图（白先白活）

黑▲打是失着。白先，这块白棋又活了，希望初学者都能下对。

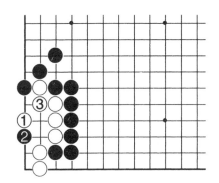

解答图

白1跳，是做眼要点，白棋已活。黑2应在3位提，白粘挡，角上是"曲四"活棋。黑2玩个花着，白3粘，白活，黑损官子。

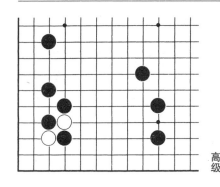

高级

问题图（白先白活）

角上两个残子，是侵入黑大模样后留下的。白先，求活不成问题，在二路打就活了。在哪边二路打稍好一些？要求双方最善下法。

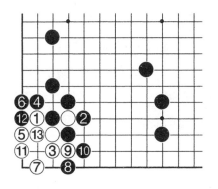

解答图

白1在黑子多的一边打，稍好一些。黑2提，白3立，黑4虎，白5亦虎。黑6立、8跳均是好官子，这是双方皆正的活棋。

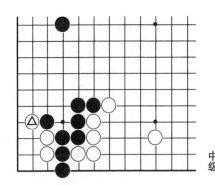

问题图（黑先白死）

这是二间高挂定式后形成的棋形，白在角上夹入无理，至白△扳，白是死形。黑先，你能杀死白子吗?

中级

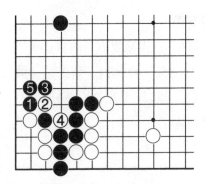

解答图

黑1扳，不让白扩大眼位，是唯一的杀手。白2打吃，黑3反打，至黑5止，白在角上无法做活。

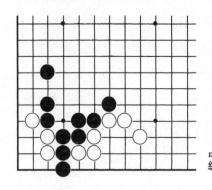

问题图（白先劫）

二路夹入是多种多样的。现在，白得到了二路扳，角上三子有了活路。白先，你将怎样下呢?

中级

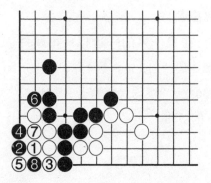

解答图

白1曲，是唯一的求活之着。黑2顶是攻击要点，白3是最顽强抵抗。黑4长，白5必须扑入，避免形成"盘角曲四"，至黑8提成劫争。

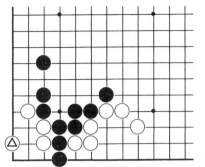

问题图（黑先白死）

白△在这里跳，是死形。黑先，你能杀死白子么？对初学者来说，是有一些难度的。

中级

解答图

黑1跳入，是破眼要点。白2只有挡下，黑3夹是手筋。白4爬，黑5老实挡住，白已无法做活。白6至黑9是示意图，白死。

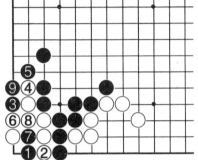

问题图（白先白活）

这样三个白子是活形。白先，相信初学者都会补活。

初级

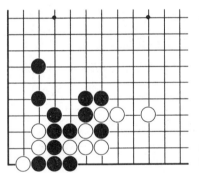

解答图

白1虎就活了，附近二路上没有黑子，黑无法破掉白边上的那个眼，白活。

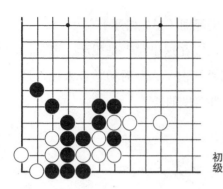

问题图（黑先白死）

现在，黑二路上有子，黑先，你能破掉边上白眼，从而杀死白子吗？

初级

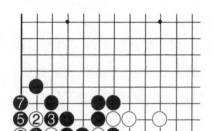

解答图

黑1夹，是破眼要点。白2只有扳，黑3打后黑5挣（zǎn）打，可破去白眼，至黑7白死。

以上两题极简单，但很有用。

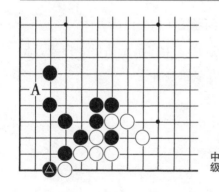

问题图（白先出棋）

白1路扳，黑随手一挡，角上就出棋了。A位有无黑子，决定了白方的下法。现在A位无子，白先，你怎样下呢？

中级

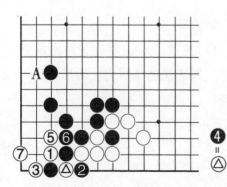

解答图

黑A位无子，白1可断打，黑2提，白3再打，黑4粘，至白7白活。黑4若6位粘，则白在△位提。A位如有黑子，则白1只能在2位粘。

44

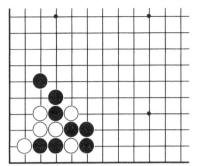

问题图（白先白活）

这是黑小飞守角，白"二五侵分"后形成的图形。白先，白角可以求活。你不妨试试。

初级

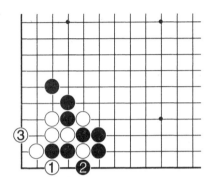

解答图

白1扳，保证角上眼位，白3虎活了。

不过，通常"二五侵分"是不肯这样活一小角的，白棋常在"二六"爬出作战。

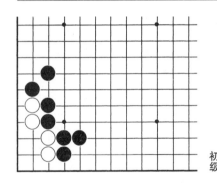

问题图（白先白活）

黑没有一路硬腿，白棋要补活是不难的。你打算怎样补呢？黑无忧角，白二路托，会形成这样的棋形。

初级

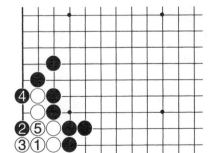

解答图

白1曲，是唯一的要点。黑2点，白3挡，确保分开的两眼。黑4扳时，白5打，黑接不归，白活。

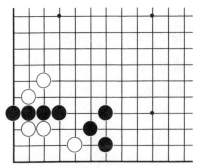

问题图（白先白活）

角上这样三个白子，是可以做活的。但本题稍有人为的痕迹，不是自然而然下出来的。

中级

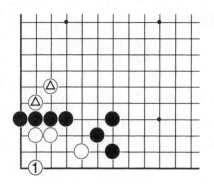

解答图

白1跳，做眼要点，活了。通常出死活题，是简化周围与死活无关的子，本书则是恢复到有可能出现这个图形的情况下。在《围棋棋经众妙》上，本题没有白△二子。

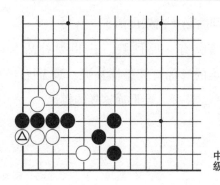

问题图（黑先白死）

白△挡，指望扩大眼位，却将白子走死了。黑先，你能杀死白子吗？不要下手筋，要下"笨棋"。

中级

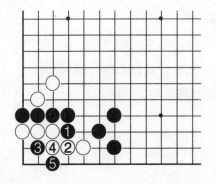

解答图

黑1冲，白2只有挡，黑3是"笨棋"，待白4粘后，黑5扳，白棋就死了。

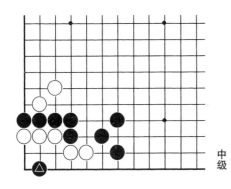

问题图（白先白活）

黑▲点入，以为是手筋，其实，却把死棋点活了。白先，你能活出吗？

中级

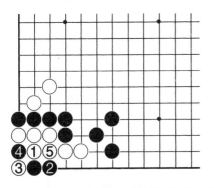

解答图

白1顶，求活要点。黑2只有长，白3扑是关键，避免"盘角曲四"。至白5，白有外气，白已活。

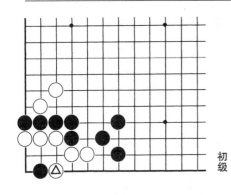

问题图（黑先白死）

白▲虎是错着，白呈死形。黑先，你能杀死白棋吗？仍须下笨棋，别去想手筋。

初级

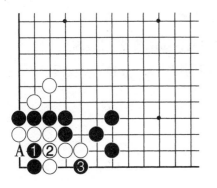

解答图

黑1是笨棋，白2粘，黑3破眼，白死。黑1如下A位，白2位粘，白活。

有人劝初学者多做死活题，我反对。只因死活题中有些着法和常法不同。

47

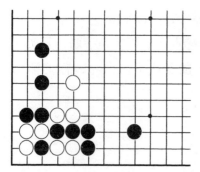

问题图（黑先白死）

这个棋形是常能遇见的。角上白棋尚未活。黑先，你能杀死白子吗？

中级

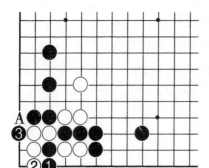

解答图

黑1立，破眼要点，白2打吃，黑3扳，白棋死了。

通常，白方补活这块棋的方法是在A位扳一手。

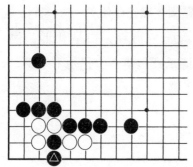

问题图（白先白活）

这个图形，出现的可能性小些。黑△立下，是不中用的。白先，你怎样补活白棋呢？

中级

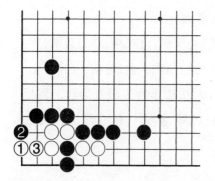

解答图

白1跳，做眼要点。黑2虚晃一枪，白方千万别去打吃，白3笨粘就活了。

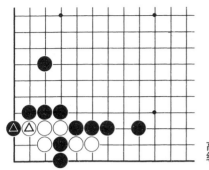

问题图（白先活一半）

白△挡，失着。被黑△扳后，白只能活出一半，你将怎样下呢？我国古代名著《官子谱》上有这道题。有难度才上谱。

高级

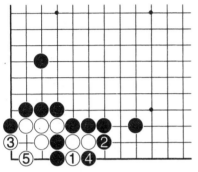

解答题

白1必须先在这里打，这是弃子。待黑2打时，白3再在角上打。黑4提，白5做眼，活出一半。

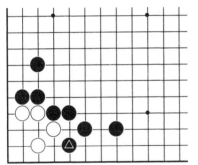

问题图（白先白活）

角上这样四个白子是活棋。黑△尖，轮白下，你将怎样求活呢？

中级

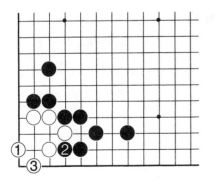

解答图

白1跳，是求活要点。黑2挤是收官正着。白3补，确保两眼，白活。

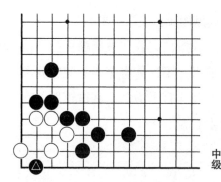

问题图（白先白活）

黑角点入，是无理棋。白先，你将怎样补活呢？

中级

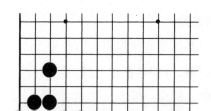

解答图

白1"团"，扩大眼位就活了。白外面有气，黑子连不回家。黑2虚晃一枪，白3是关键，黑2连不回去，白活。黑亏损。

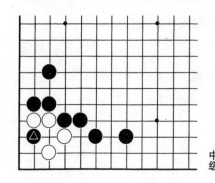

问题图（白先白活）

黑△从这边夹，白先，你将怎样补活这块棋呢？

提示：越老实越好。

中级

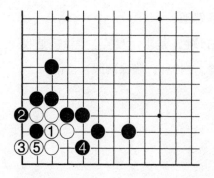

解答图

白1粘是正着。黑2渡时，白3跳，是求活要点。白1就是为了保留白3这个跳。黑4尖时，白5是正着，确保边和角各有一眼。

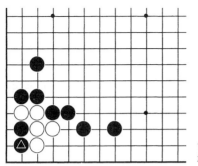

问题图（白先白活）

黑▲爬入，是无理棋，黑官子亏损，但白求活有了难度。《围棋棋经众妙》上有这道题，你不妨试试。

高级

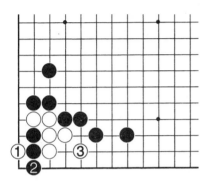

解答图

必须吃住角上两个黑子才能活棋，白1夹是常用手筋，已吃住黑子。黑2立，白3尖，白活。黑2若走3位，则白2位打活。

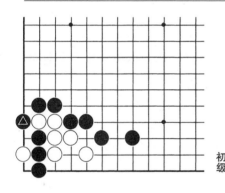

问题图（白先白活）

黑▲指望渡回，你能截获三个黑子吗？

初级

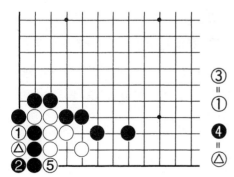

解答图

白1送吃，称"扑"，黑2提，白3再在1位"扑"，黑4在△位提，白5再打成接不归。

八、角上较多子

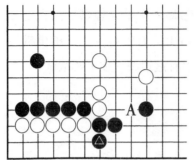

问题图（黑先白死）

角上这样五子，是可以见到的。黑△立下，防白A靠，是先手。白如果不补，黑先，你能杀死白子吗？

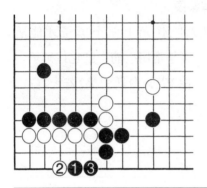

高级

解答图

黑1小飞，是破眼要点。白2靠，黑3冷静退回，不给白子借劲，让白自己去补，也已没法补活。

变化见下题。

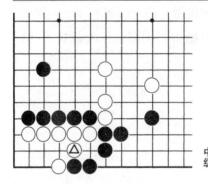

问题图（黑先白死）

白△顶，指望求活。黑先，你能杀死白子吗？

要注意次序。

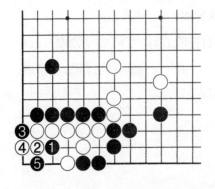

中级

解答图

黑1好像是俗手，实为唯一的避免打劫的杀手。待白2曲，黑3再扳，是好次序。白4挡，黑5扳，杀白。

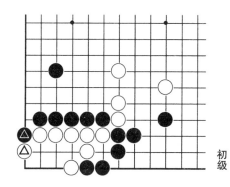

问题图（黑先劫）

黑△扳是错着，白△挡后，已无法净杀白子，只能打劫杀了。黑先，你该怎样下呢？

初级

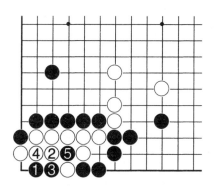

解答图

黑1是破眼要点，白2可做眼，黑3、白4，成劫争。

黑1如走2位或3位，白占1位即成活棋。

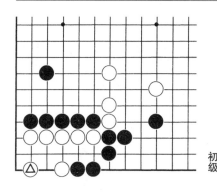

问题图（黑先白死）

白△这样跳补，白角仍是死形。黑先，你将怎样来杀白呢？

初级

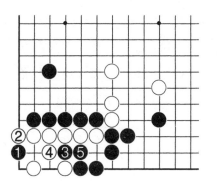

解答图

黑1点，是破眼要点。待白2挡后，黑3再打吃，白棋就死了。

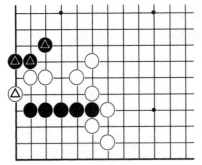

问题图（黑先黑活）

这是《围棋棋经众妙》上的一道题。我加了黑△三子，才使白△变得有理。黑先，你能活出吗？

高级

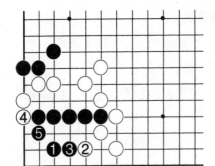

解答图

黑1退守，是关键之着，只有这手棋能防白在4位冲。白2只能进到这里，黑3顶，白4冲时，黑5退就活了。

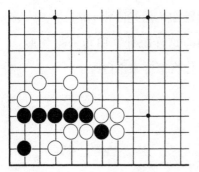

问题图（黑先黑活）

这是我国古谱《玄玄棋经》上的一道有名的死活题。黑先，你打算怎样利用那个死子来求活呢？

高级

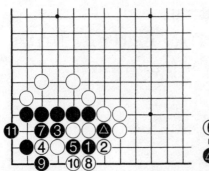

解答图

黑1扳，试应手，绝妙。根据白方应手，再决定怎样下，是后发制人之策。白2提，黑3在上方挤，至11止，黑活出。

⑥
=
△

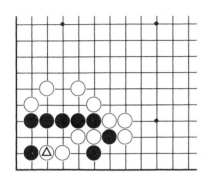

问题图（黑先黑活）

白△朝前顶，黑先，黑将怎样求活？

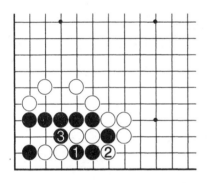

解答图

黑1打是要点，白不敢在3位粘，只能白2提，黑3打，与上题活法相同。黑1如误走2位，白1位团，黑死。

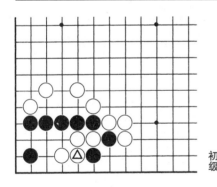

问题图（黑先黑活）

白△团，黑又将怎样补活？

这是个最简单的问题。

初级

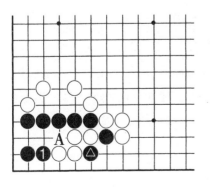

解答图

黑1顶，因紧气后白须自补，黑已活了。

当初黑△这手扳，就是根据白方的应手来决定走1位还是A位。

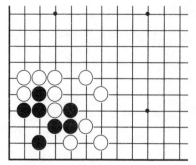

问题图（黑先黑活）

黑角是活形，黑先，你将怎样补活？要求双方选择最佳的下法。

高级

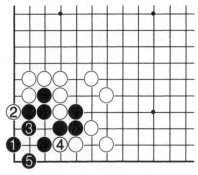

解答图

黑1跳，是求活要点，这手棋的用意是防白在3位夹破眼。白2、4看到已无法杀白，是最好的收官下法。至黑5活，是正解。

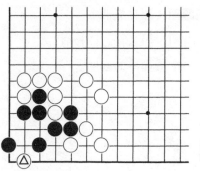

问题图（黑先黑活）

白△点眼是无理棋，黑先，你将怎样补活呢？

中级

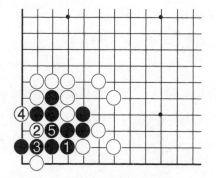

解答图

黑1团，扩大眼位，是求活要点。白2夹则黑3粘，至黑5止，白无法破掉边上的眼，黑活。白2如走3位，黑走2位活。

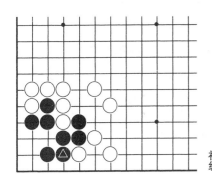

初级

问题图（白先黑死）

黑△团，角上黑棋尚未活。白先，你能杀死黑子吗？

解答图

白1夹，是破眼要点。黑2打，白可3粘，黑4立，至白9黑死。黑4若A扳，白7位打，黑4位粘，白5位粘，仍死。

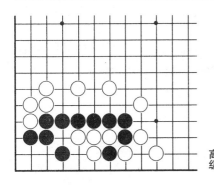

高级

问题图（黑先黑活）

借助二路上那个死子，黑角可以补活。黑先，你将怎样补活呢？

解答图

黑1跳，这块棋就活了。白2点入以下，仅是示意，因为真这样下就亏损了。至黑7止，A、B必得其一，黑活。

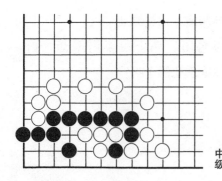

中级

问题图（白先劫）

这一棋形，黑角未活净，白先，将成劫争。你如想净吃，弄不好就活了。你打算怎样下呢？

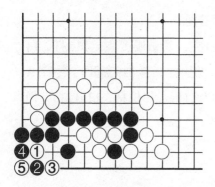

解答图

白1是破眼要点，黑2夹，白3打吃，黑4只有做劫，成劫争。

白3若走4位，黑按上题那样就活了。

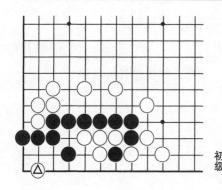

初级

问题图（黑先黑活）

白△点在这里，黑棋就可以净活了。黑先，你将怎样下呢？

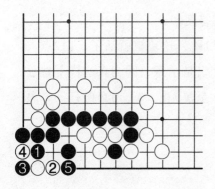

解答图

黑1顶，求活要点。白2只有退，黑3扑是关键，白4提，黑5挡。最后，成"胀牯牛"，活了。

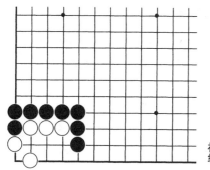

初级

问题图（黑先白死）

黑先，角上白子还没有活。在这里，黑有一种最基本的破眼方法。请初学者想一想。

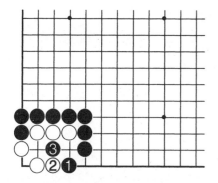

解答图

黑1尖，是基本破眼手法。白2顶，黑3挖入，白死。

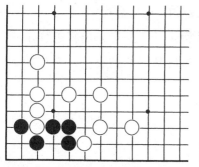

中级

问题图（白先黑死）

这是《玄玄棋经》上的一道题。这个棋形是可以遇见的。白先，你能杀死黑棋吗？

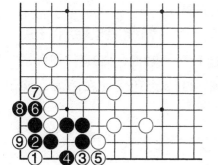

解答图

白1点入，破眼要点，这里被黑占据就活了。黑2粘，白3扳缩小黑眼位，至白9，成"盘角曲四"杀黑。

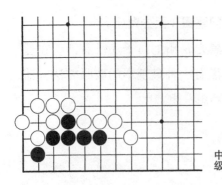

中级

问题图（白先黑死）

这个棋形，黑该补一手的，但黑不补。白先，你将怎样杀黑呢?

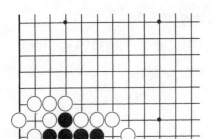

解答图

白1尖，不让黑在边上利用，是正着。若先3位扳，黑在1位尖，就吃不干净了。黑2挡，白3再扳，黑4希望做劫，白5、7不让做劫，杀黑。

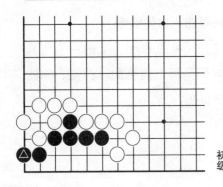

初级

问题图（白先黑死）

黑△立下，白先，白将怎样杀黑呢？这是最基本的破眼法，希望初学者都会。

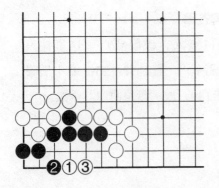

解答图

黑1大飞，是常用破眼法，白无法分断这个子。黑2虎，白3退回即可，黑已死。白1如走3位，黑在1位靠，就活了。

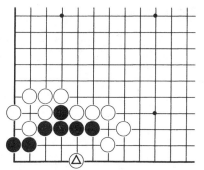

问题图（黑先黑活）

白△小飞，就给了黑棋做活的机会。黑先，你打算怎样做活呢?

初级

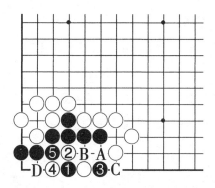

解答图

黑1靠，是要点，白2打吃，黑3反打，白4提，黑5粘接是稳当下法，黑已活。以后为白A、黑B、白C、黑D。

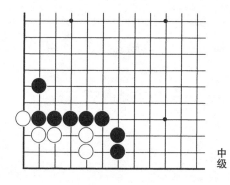

问题图（黑先白死）

这是《围棋棋经众妙》上的一道题。黑先，有两种杀法。《围棋棋经众妙》上提供的杀法，适用于双方杀气时。如无杀气问题，则不如另一种杀法。

中级

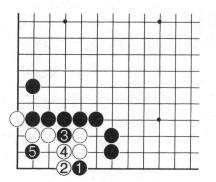

解答图

黑1顶，缩小白眼位，适用于杀气时。白2打，黑3冲、5夹，白死。这是《围棋棋经众妙》的答案。

其实，直接3冲、5夹较好。

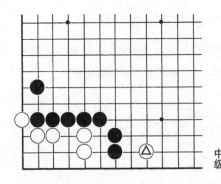

问题图（黑先白死）

现在，我在二路上加上白△一子，黑先，仍可杀白，但只有一种杀法了。你能杀白吗？

中级

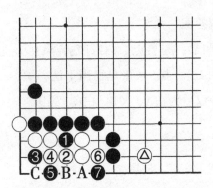

解答图

黑1冲，白2必走，黑3夹，白4粘，黑5扳，杀白，干净利索。

如果先走黑A、白B，白4粘时黑C立，则白下6位，黑无法杀白。

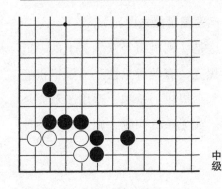

问题图（黑先白死）

白子左方的二路宽松了，但右方紧迫了，仍是死形。

黑先，你将怎样杀白呢？

中级

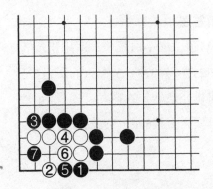

解答图

黑1扳，关键之着，如误走4位冲就活了。白2跳，黑3挡，白已无法补活。白4粘，黑5送一子，再7夹，白死。

62

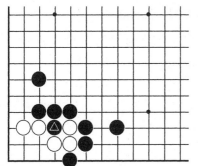

问题图（白先白活）

黑▲先冲后再一路扳，白角是活棋，这和"小猪嘴"二路未曲的形一样。白先，你能活出吗？

初级

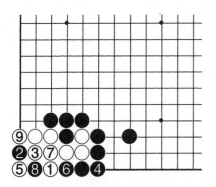

解答图

白1简单一虎，就活了。黑2点，白3可团，黑4粘，白5扑是关键。至白9止，成"胀牯牛"，活。

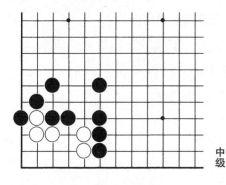

问题图（白先白活）

白先，在三路粘，成"松带钩"活棋，但角上没有目了。现在，要你在角上活出目来，你将怎样活呢？

中级

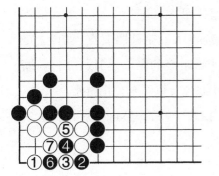

解答图

白1跳，是求活要点，白已活。

黑2扳以下仅是示意图，说明白已活。黑不会这样下的，这样下，官子亏损。

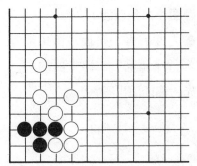

初级

问题图（黑先黑活）

这个棋形，有时能遇到。黑先，你能活出吗？

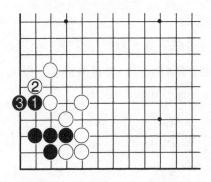

解答图

黑1托，扩大眼位，白2虎时，黑3立下是常法，黑棋活了。

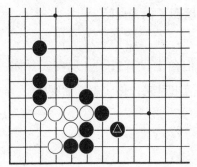

高级

问题图（黑先白死）

这是"双飞燕"后形成的棋形。黑▲补后，白该补棋。白未补，黑先，你能杀白吗？

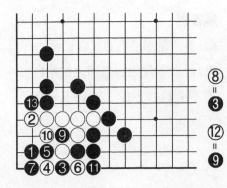

⑧ = ③

⑫ = ⑨

解答图

黑1点入，是破眼要点，白2立是唯一能够阻渡的棋。黑3扳、5打，缩小白子眼位，以下至13止白死。

白8若于9粘，黑11打后13挡，白仍死。

64

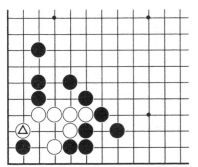

问题图（黑先白死）

白△尖，阻渡。黑先，你将怎样杀白呢？

中级

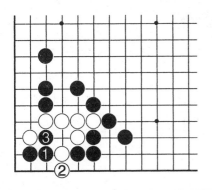

解答图

黑1是破眼要点，如误走2位，白下1位就活了。白2如立下，黑3挤，白两边有断点，白死。

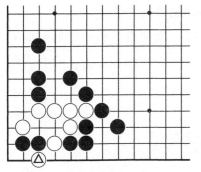

问题图（黑先白死）

白1扳，样子很难看，但却是具有迷惑性的一手。黑先，你将怎样杀白呢？

中级

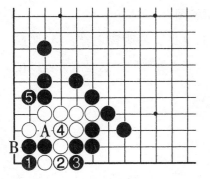

解答图

黑1打，是大家都会下的。黑3打，是关键之着，但也可4位扑。白4粘，黑5立，白死。黑3若误走A位，白B扳，成劫争。

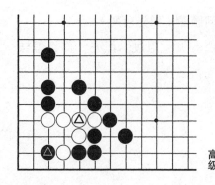

问题图（白先白活）

黑▲夹，是似是而非之着。这手夹能否有用，要看上方是否已打吃后白△粘实。今有白△，白先，白可以活出。

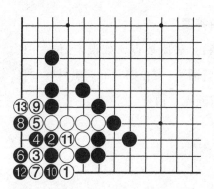

解答图

白1立，扩大眼位，是第一个关键。黑2时，白3夹既护断又阻渡，是第二个关键，白已活。黑4以下仅是示意图。角上劫缓气太多，无用。

高级

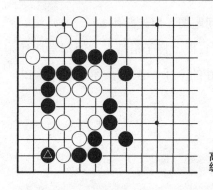

问题图（白先连回）

仍是"双飞燕"后的图形（腹中子已简化）。黑▲夹有力，白先，你将怎样下呢？

高级

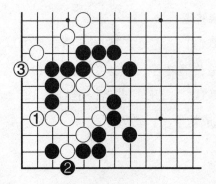

解答图

白1立下，是明智之着。黑2渡回得利，白3连回脱险，这是双方可以接受的结果。

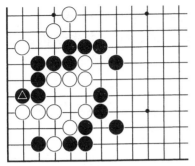

中级

问题图（白先白活）

黑△挡下贪杀，但白角已具活形。白先，你将怎样求活呢？

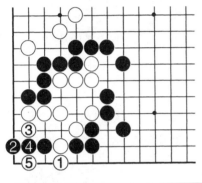

解答图

白1立下，除此不能活棋。黑2跳既要渡又要做成"笠帽四"。白3样子虽难看，但把黑方的两种意图都破了。黑4粘，白5点入，白活。

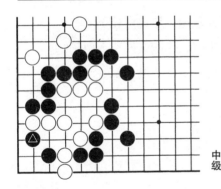

中级

问题图（白先白活）

黑△在这里尖。白先，你能做活这块白棋吗？

有两种方法可活。

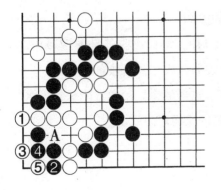

解答图

白1立，将黑子全部留下，是最好下法。黑2挡，破掉白方的假眼，因为一旦收完气，这个假眼会变真眼。白3跳入，黑4团，白5扑是关键，不让黑成双活。另一种活法是白1在A位团。

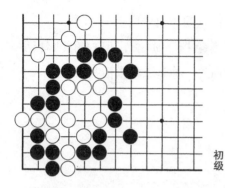

问题图（白先白活）

一旦下成这样，白先，仍是活棋，可你千万别大意。

初级

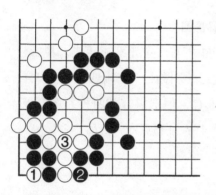

解答图

白1送吃一子，不让黑做成"刀板五"。黑2打，白3粘，白已活。

顺便说一下，"刀板五"，不叫"刀把五"。眼形分直、曲、聚、板四种，"刀板五"，就是像把刀的"板五"。

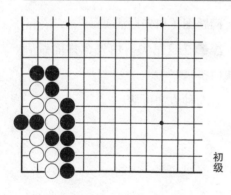

问题图（黑先白死）

黑先，你能全歼角上白子吗？

第一手是关键。

初级

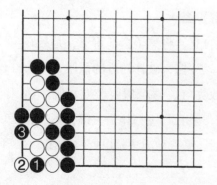

解答图

黑1扑，不让白收气是关键。白2提，黑3曲，成"金鸡独立"杀白。

黑1这样的棋，初学者能想到，水平稍高的反而难想到了。

68

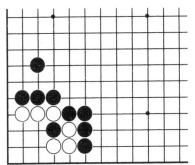

问题图（黑先白死）

角上白子未活，黑先，将怎样杀白呢？

高级

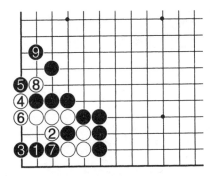

解答图

黑1点入，破眼要点，白2只有提。黑3立是要点，白4扳阻渡，黑5打吃后黑7卡，成为有眼杀瞎，白死。

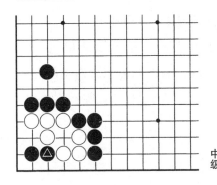

问题图（白先劫）

黑△挤是错着，白棋有了生路，白先，可成劫争。你打算怎样下呢？

中级

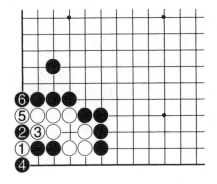

解答图

白1顶是要点，不让黑在角上做眼。黑2打，白3反打，黑4提，白5打，黑6打，形成劫争。

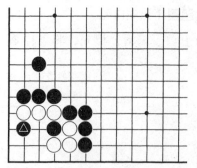

中级

问题图（白先劫）

黑▲不是破眼要点，角上可成劫争。白先，你打算怎样下呢？

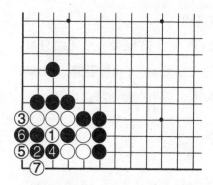

解答图

白1提，是谁都会下的棋。黑2长入破眼，白3立是正着。黑4卡眼，白5靠入是唯一之着，黑6打，白7做劫，成劫争。

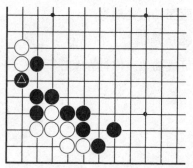

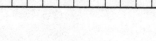

高级

问题图（黑先白死）

角上棋形，是可以遇到的，当边上作战，黑走到▲子，白角就要死了。黑先，你将怎样杀白呢？

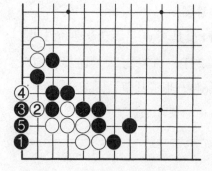

解答图

黑1破眼要点，白无法分断这个黑子，白角就做不成两眼。白2扳，黑3夹是好手，白4打，黑5粘，白死。

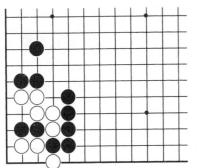

问题图（黑先白死）

角上黑两子被吃，但白棋形不佳。黑先，可以杀白，你怎么动手呢？

高级

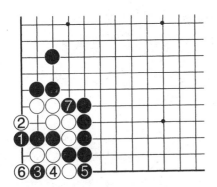

解答图

黑1立下，先做成"直三"，再设法破掉角上的眼，思路清晰。白2在外面紧气，黑3是常用手筋，白4保住角上的眼。黑5打吃，逼白6提，黑7紧气，以"金鸡独立"杀白。

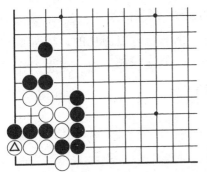

问题图（黑先白死）

白△在角上收气，黑先，你能破掉角上的眼杀白吗？角上破眼的基本手法，希望初学者都会。

初级

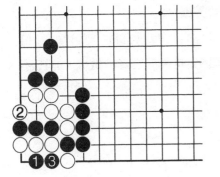

解答图

黑1点入是破眼要点，白不敢在3位粘，眼睁睁地看着黑3扑入破眼杀白。

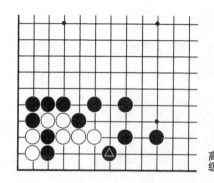

问题图（黑先白死）

这个棋形是可以遇见的，黑▲尖是先手。白不补，黑先，你能杀白吗?

高级

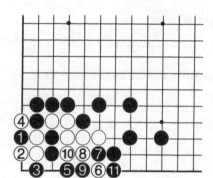

解答图

黑1扳，逼白2打，是为了黑3的打。有了黑3，就可以做"打二还一"来杀白了。至11止，白死。

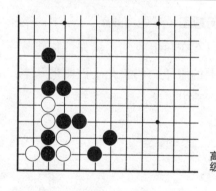

问题图（黑先白死）

角上棋形是可以遇见的，黑两子虽已被吃，但黑仍能杀白。黑先，你将怎样下呢?

高级

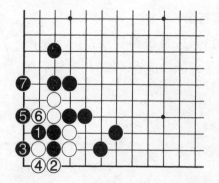

解答围

黑1曲，白2只有渡。黑3打，白4粘，黑5尖是关键之着，做成"打三还一"杀白。

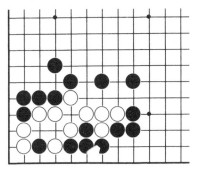

中级

问题图（黑先白死）

角上白子未活，黑先，你将怎样杀白？

注意，不要走成劫争。

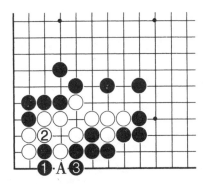

解答图

黑1立，是避免打劫的正着。如果误走打吃，白2位粘反打，就成劫争了。白2粘，黑3立，白死。

黑3若于A位打，则白3位扑，成劫。

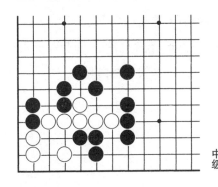

中级

问题图（黑先白死）

角上白子不是活形，但黑子也有弱点。黑先，你怎样避开自己的弱点来杀死白子呢？

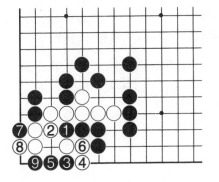

解答图

黑1"冲"，是必须走的。黑3夹是关键之着，如果误走5位点，白棋就活了。白4打、6粘，至黑9成"直三"杀白。

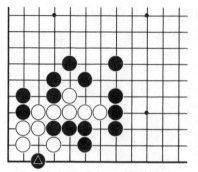

问题图（白先白活）

黑△点入是错着，这样，黑棋的毛病暴露出来了。

白先，你能活出吗？

初级

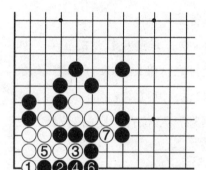

解答图

白1挡，保证角上一眼，一路上的白子逃不回去就活了。黑2至白7仅是示意图，其中白3是关键。

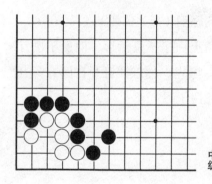

问题图（黑先白死）

这个棋形是常见的，角上白子未活。黑先，你将怎样杀白呢？

中级

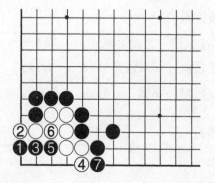

解答图

黑1点入，常用手筋。白2挡下，黑3夹。白4是最强抵抗，只可惜外围无气，至黑7止，白被杀。

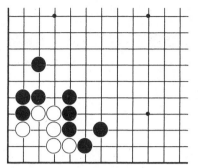

问题图（黑先劫）

白有一口外气，就不能净杀白子了，还是打劫吧。

黑先，你将怎样下呢?

中级

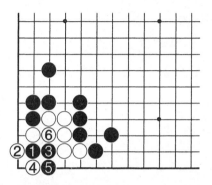

解答图

白有外气，黑1夹是正着。白2扳，黑3长，白4只有这样扳后成为劫争。

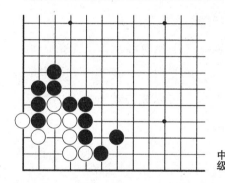

问题图（黑先劫）

白在一路上多了个扳，但仍未活净。黑先，你将怎样动手呢?

中级

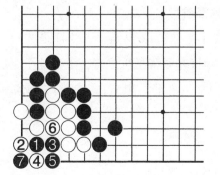

解答图

黑1夹，白2仍然只能在这里扳，一路上的白子对黑1不起作用。至黑7止，成为劫争是正解。

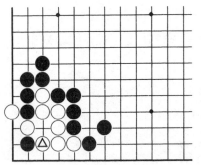

问题图（黑先白死）

白△错着，误以为一路白子能帮忙，其实却把棋走死了。黑先，你能杀白吗？

初级

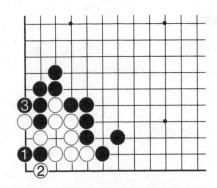

解答图

黑1立是要点，这样就杀死白棋了。不管白2扳或粘，黑3打都可杀白。

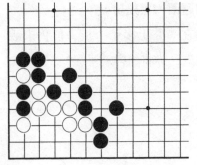

问题图（黑先劫）

这是《围棋棋经众妙》上的一道题，认为黑先白死。其实白方下出最顽强的棋，可以成为劫争。请你为双方设法。

高级

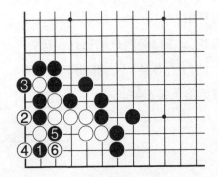

解答图

黑1夹是破眼要点。白2打是先手，白4扳是顽强抵抗之着，也是这个棋形的常用手筋。黑5打，白6打，成劫争。

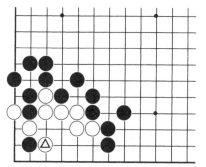

中级

问题图（黑先白死）

白△虎，就将棋走死了。黑先，你能杀死白棋吗？

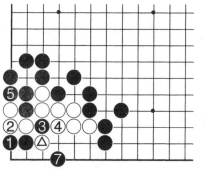

解答图

黑1立，破眼要点。白2粘，黑3扑、5打，最后7飞杀白。

这是《围棋棋经众妙》上的解答，是白△这手棋造成的。

高级

问题图（白先劫）

黑△长，角部仍将成为劫争。白先，你将怎样下呢？

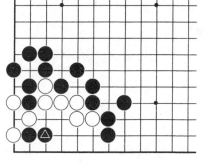

解答图

白1是谁都会下的。黑2长时，白3可跳。黑4冲、6打，打算做成"眼杀"。白7扳，是最顽强的抵抗，角上成为劫争。

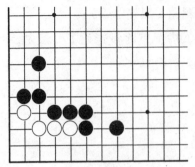

问题图（黑先白死）

角上这样四个白子，未具备活形。黑先，你能杀死白子吗？要注意第一手棋下在哪里。

中级

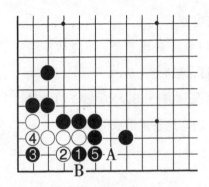

解答图

黑1扳，好次序，现在白只有2挡，黑3再点入。白4若于5打，黑A打，白B提，黑4位挤，白死。今白4团，黑5粘，白死。

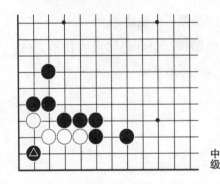

问题图（白先白活）

黑△先在这里点，就把死棋点活了。白先，你能做活这块白棋吗？

中级

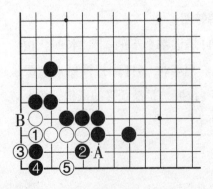

解答图

白1团是谁都会下的。黑2扳时，白3扳逼黑4立，白5跳阻渡是关键的一手，A、B两点见合，白活。

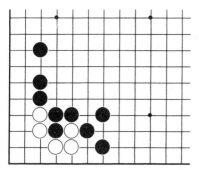

问题图（黑先白死）

白角上这样五子，不是活形。黑先，你能杀死白子吗?

高级

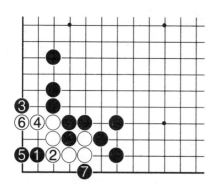

解答图

黑1点，破眼要点，白2只有粘。黑3跳要渡，是常用手筋，白4曲阻渡。黑5立继续要渡是关键之着，白6阻渡，黑7托杀白。

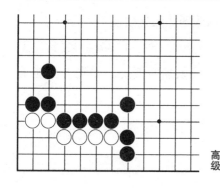

问题图（黑先白死）

白角虽大，但棋形单薄。黑先，你能杀死白棋吗?

黑棋的第三手有两种杀法。

高级

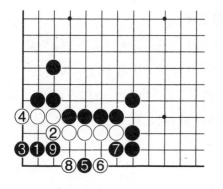

解答图

黑1点，破眼要点，白2只有粘。黑3立要渡，是关键之着。白4下法较多，但均不能成活。今立，黑5破眼要点，白6若靠，黑7曲，至9杀白。

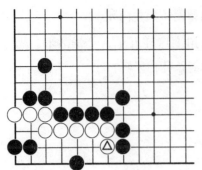

问题图（黑先白死）

当黑大飞时，白△在这里挡，你能杀死白棋吗？

高级

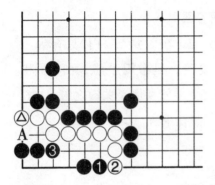

解答图

黑1要渡，是关键之着，白2必须阻渡。黑3长，成为"有眼杀瞎"。

你也许觉得当初白△这手棋可以在A位紧气，但无用，见下题。

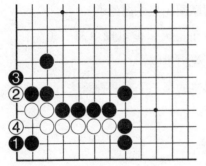

问题图（黑先白死）

当初黑1立时，白2扳、4尖紧住黑气，是最顽强的抵抗。黑先，你能杀白吗？

高级

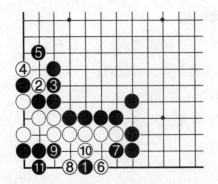

解答图

黑1仍下大飞。白2至5仅是示意图，说明这样提一子并不能长气。

白6靠，黑7曲，至11止，白死。白10如下在11位，见下题。

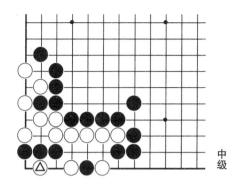

问题图（黑先白死）

白△不让黑做成"笠帽四"，黑先，你能杀白吗？

中级

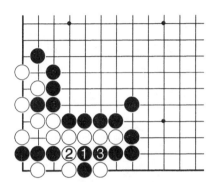

解答图

黑1逃出被打吃的一子，是关键之着。白2在这边打，黑3粘，角上是"笠帽四"，白死，不是双活。

白2若3位打，黑2位粘，成眼杀。

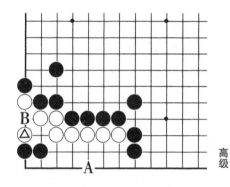

问题图（黑先白死）

前面已验明，黑A大飞能杀白，现在要求黑A以外的第二种杀法。注意，白△也可放在B位。

高级

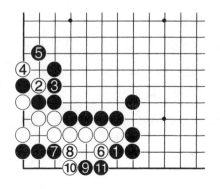

解答图

黑1曲，也可杀白，白2至5是示意图。白6挡，黑7可长，白8挡，黑9点入，至11白眼位不足。

白10若在11位挡，黑10位成眼杀。

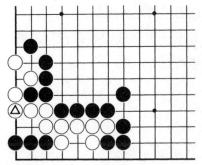

问题图（黑先白死）

白△改为粘，角上眼位宽些。黑先，你将怎样杀白呢？

中级

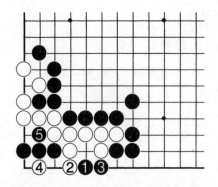

解答图

黑1仍点，这是破眼要点。白2只有在这边挡，黑3退回。白4靠入，黑5占据要点，成"刀板五"杀白；白4若走5位，黑占4位杀白。

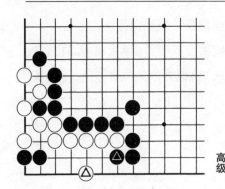

问题图（黑先白死）

黑▲曲时，白△在一路跳，是具有迷惑性的一手。

黑先，你将怎样杀白呢？

高级

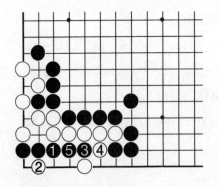

解答图

黑1在角部长，是关键之着。白2是具有迷惑性的一手。黑3挖是手筋，白4打，黑5粘，成眼杀。

白4若于5位打，则黑4位粘，白眼位不足。

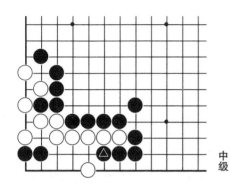

问题图（白先劫）

黑△在这边曲是错着，角上白棋有了生路。白先，你打算怎样下呢？

中级

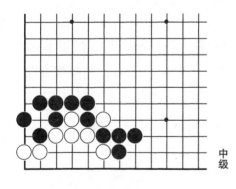

解答图

白1粘即可，当黑2长时，白3是要点。黑4打，白5做劫，成劫争。

黑4若走5位，则成双活。

问题图（黑先白死）

这是《玄玄棋经》上的一道题，在实战中是可以遇见的。

白角未活，黑先，你打算怎样杀白？第一手是关键。

中级

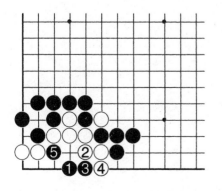

解答图

黑1点入，是破眼要点，除此不能杀白。白2粘，黑3冲，白4挡，黑5断杀白。

这是类似"老鼠偷油"的杀法。

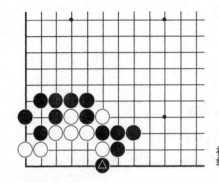

问题图（白先白活）

黑▲在这里打，给了白子做活的机会。白先，你将怎样补活这块白棋呢?

初级

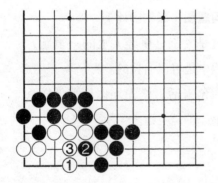

解答图

白1跳，是做活要点，白子已经活了。黑2只有提一子，白3粘接就可以了。黑2如想在角部点眼，则白可在2位粘接，就活大了。

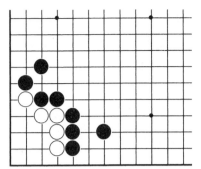

问题图（黑先劫）

这是《围棋棋经众妙》上的一道题。原解答认为黑先白死，有误，应为黑先劫。

你将怎样下呢？

中级

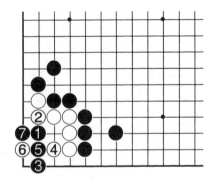

原解答图

黑1点刺，是关键之着，白2只有粘接。黑3跳要渡，白4阻渡。黑5粘，白6点入，黑7老实吃住，已成眼杀。这是原解答图，白6失着。

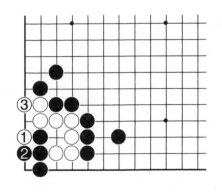

正解图

上图白6改在1位扳，黑2只有挡住，白3做劫成劫争，是正解。

黑2若走3位，白下2位成双活。

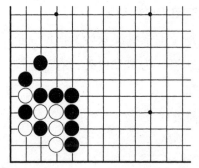

问题图（黑先白死）

这是一道很好的死活题。好在棋形可以遇见，着法精妙而实用。

你不妨试一试。

高级

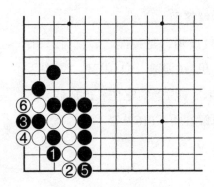

解答图

黑1打是谁都会下的。白2只有立，黑3立是关键之着。白4打吃，黑5打吃，白6提，续见下图。

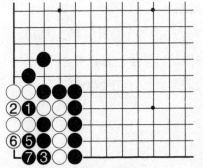

续前图

黑1扑，常用手法。白2提，黑3打，白4只有粘接，黑5紧气。当白6打吃时，黑7做成"刀板五"杀白。

86

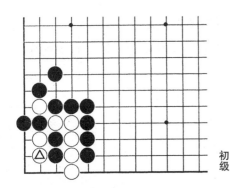

问题图（黑先白死）

白△打吃，不让黑做成"大头鬼"，问题就简单了。黑先白死，希望初学者都能下对。

初级

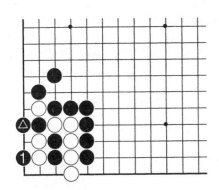

解答图

黑1夹，白无法吃住这个子，白死。

着法很简单，这是黑⚫立下的用意。

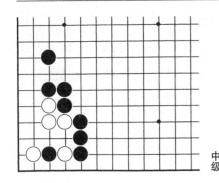

问题图（黑先白死）

角上白子，未具活形。黑先，可以杀白，第一手是关键。你将怎样下呢?

中级

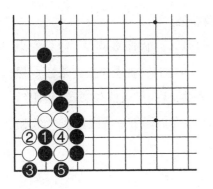

解答图

黑1在正常收官时是俗手，但在本题中却是唯一的杀手。白2挡，黑3扳是关键，白4打，黑5渡，杀死白子。死活题中的下法，是特定下法，不是常法。我主张先学会常法之后，再做死活题。

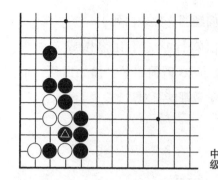

中级

问题图（白先劫）

黑▲是收官时的下法，在本题中是错着。现在白方有了生路，可以劫活。你将怎样下呢?

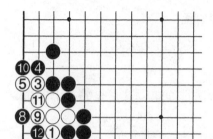

解答图

白1打吃是先手，黑2提，白3扳、5立是唯一的求活方法。黑6夹是手筋，白7立下，黑8是好次序，可以得到黑10的先手挡后再开劫。

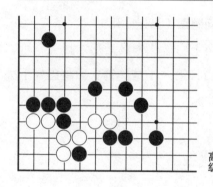

高级

问题图（黑先白死）

乍看白棋眼位较多，但白角上棋形有缺陷。黑先，只要白角部成为一个后手眼，就可杀白。

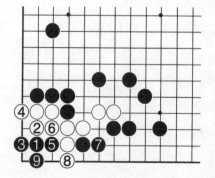

解答图

黑1点入，破眼要点。白2只有阻渡，若于7位打，则黑2位夹杀白。黑3立是关键，白4扩大眼位，黑5破眼后黑7退回。白8阻渡，黑9做成"笠帽四"杀白。

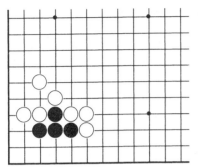

问题图（黑先劫）

角上这样四个黑子，能否下出些棋来呢？你不妨试试。

高级

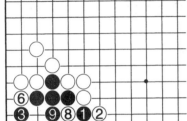

解答图

黑1扳是关键，不让白在这里立。白2挡后，黑3尖，不会净死了。白4打，黑5在这里虎是要点。白6挤时，黑7、9连打成劫。

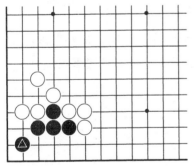

问题图（白先黑死）

黑△先尖是错着，白先，你能杀死黑子吗？

中级

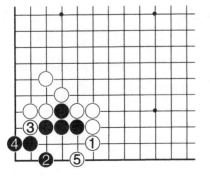

解答图

白1立下是要点，黑已无法做活。黑2虎则白3挤，黑4做眼，白5尖可破去边上的眼，黑死。

89

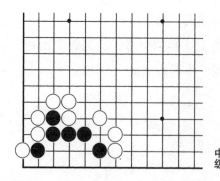

问题图（黑先劫）

黑眼位不足，无法净活。但利用白二路断点，可形成劫争，第一手是关键。你不妨试试。

中级

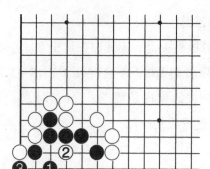

解答图

黑1虎是关键，白2点眼，黑3扑入，形成劫争。

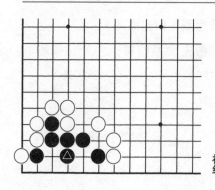

问题图（白先黑死）

黑△在这里做眼，是不能形成劫争的，白先，你能杀死黑棋吗?

初级

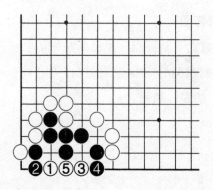

解答图

白1点入，是破眼要点，黑2只有挡。白3再点入，黑4再挡，白5粘，成为"断头曲四"杀黑。

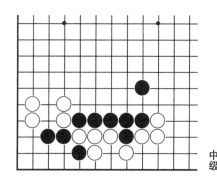

问题图（黑先劫）

黑角上三子已似残子，但白棋形有弱点，黑尚可形成打劫求活。

中级

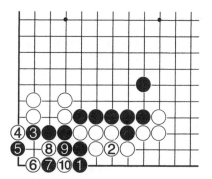

解答图

黑1立是先手，瞄着2位扑吃，白2补，黑3挡，这个棋形是劫争。

白4扳至10止是劫争。

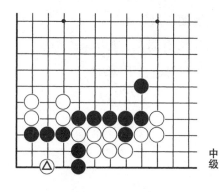

问题图（黑先黑活）

白△点是错着。黑先可以净活，你将怎样下呢?

中级

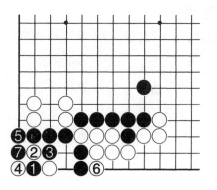

解答图

黑1靠是关键，若误走3位，白1位长，黑死。白2打时，黑3打是求活之着。白4提，黑5立，至黑7，黑棋活了。在下边白棋有危险时，白方有可能采用这一下法。

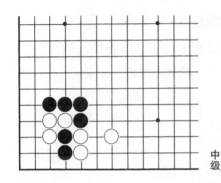

问题图（黑先劫）

角上黑两子尚未死净，黑先可以形成劫争。你将怎样下呢？

中级

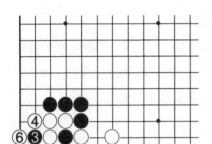

解答图

黑1曲，白2只有扳。黑3打、5掼是常用手筋，至白8成为劫争。这个劫称"两段劫"，即黑劫胜后还得打劫。因此，黑不宜轻易开劫。

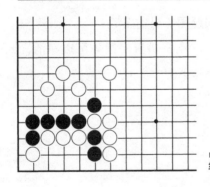

问题图（黑先劫）

白棋形有弱点，黑角尚有生路。黑先，你打算怎样下呢？

中级

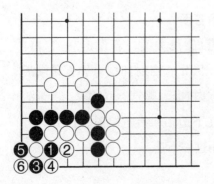

解答图

黑1断是关键，3、5手筋连发，至6形成"两段劫"。与上题不同的是，这个劫黑很乐意开，劫败后黑没有多大损失。现在是为了求活，即使不存在死活问题，作为官子，黑也乐意开这个劫。

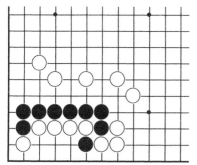

问题图（黑先劫）

不论外围情况，角部白三路四子，黑有二路断一子，是常见的。黑先，下对能成劫争。

中级

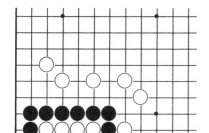

解答图

与上题相同，黑1断，白2只有打，黑3、5挫打后成劫。

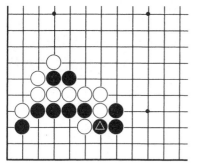

问题图（白先得角）

这个棋形在让子棋中容易出现，白"双飞燕"后冲出，黑△错着，就会形成这个图形。白先，你将怎样下呢？

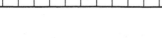

高级

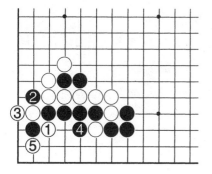

解答图

白1断有力，黑难应付。黑2打，白3立是常用对杀手筋。黑4只能退让，白5打从容得角。黑4若打吃白二子，白滚打后成"大头鬼"杀黑。

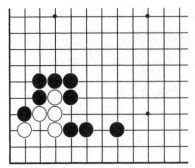

问题图（黑先劫）

角上白棋尚未活净，黑先，你打算怎样动手呢?

中级

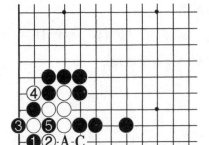

解答图

黑1夹，左右逢源之着。白2虎，黑3渡，至5成劫争。白2若于4打，黑A扳，白2挖，黑B、白C、黑5位，亦成劫争。

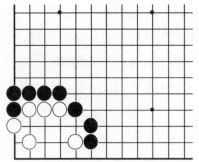

问题图（黑先劫）

这是我国古代名著《官子谱》上的一道题。本题棋形简洁，着法精妙，你不妨试一试。

高级

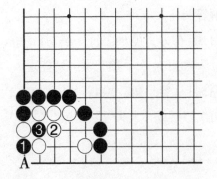

解答图

黑1扑，精妙之着。白2只有这样做劫，黑3提成为劫争。

白2为什么不能在A位提呢？见下题。

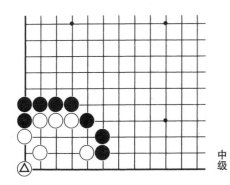

问题图（黑先白死）

白△提是错着。黑先，可以杀白。你将怎样着手呢？

中级

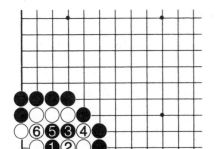

解答图

黑1破眼要点，白2顶住阻渡，黑3挖，以下一口气走到黑7，成为"金鸡独立"杀白。

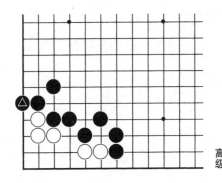

问题图（黑先劫）

这是《玄玄棋经》上的一道题。黑△立有先手意味，白不理，黑先，白角将成劫争。问题是你怎样动手？

高级

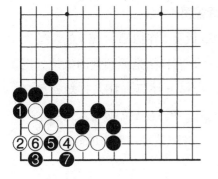

解答图

黑1笨冲，引而不发，是唯一之着。白2不能挡是显而易见的，有几种下法可成劫争，白2尖是最好的一种。白4退时，黑5是关键之着，白6打，黑7做劫，成劫争。

95

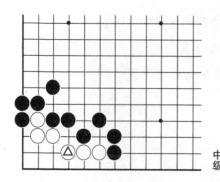

中级

问题图（黑先劫）

白△退，虽同样成劫争，但不如上图。黑先，你将怎样下呢？

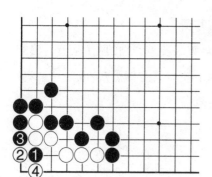

解答图

黑1点，这里是做眼要点，若误走3位冲，白走1位就活了。白2只有扳，黑3打，白4做劫，成劫争。这样打劫，白不好。

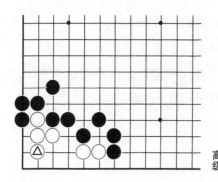

高级

问题图（黑先劫）

白△是错着，虽仍能打劫，但不如正解的打劫。

黑先，你将怎样下呢？

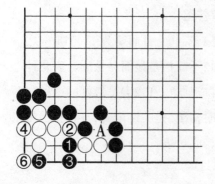

解答图

黑1扳下，白2断，黑3立，是大家都下的。白4挡是最顽强的抵抗。黑5破眼要点，白6只有扑入打劫，黑有利。同时，黑5在A位收气，先手吃两子，在实战中是可以考虑的。

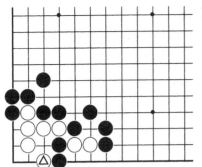

中级

问题图（黑先白死）

白△尖，就把棋走死了，黑先，你能杀死白子吗？

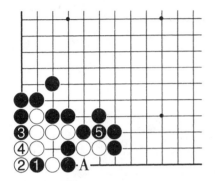

解答图

黑1扑，是杀棋要点。白2提，黑3冲，白4团眼，黑5成"金鸡独立"杀白。白2若走A位，黑可4位扳，杀白。

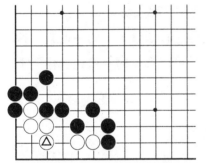

高级

问题图（黑先白死）

白△曲，同样把棋走死了。黑先，你能杀死白棋吗？

杀棋的次序很重要。

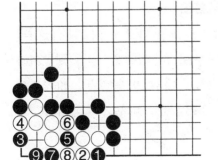

解答图

黑1扳是好次序，白2挡，则黑3跳入。白4只有断开黑子，黑5挖后7拔打，至9成眼杀。

白2若下6位，见下题。

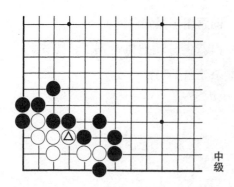

问题图（黑先白死）

白△这样做眼，同样不活。黑先，你将怎样杀白呢？

中级

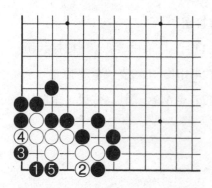

解答图

黑1在这边点入，白2只有挡。黑3尖简洁，白4只有挡，黑5破眼，成眼杀。

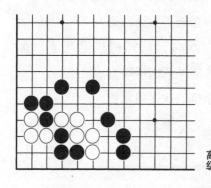

问题图（黑先劫）

这是《官子谱》上的一道题。这一棋形是可以遇见的。黑先，你能走成劫争吗？

高级

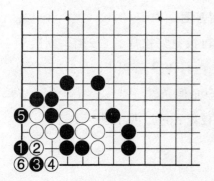

解答图

黑1点入是妙手，白2只有这样挡，如果在右一路贴紧三子，则黑5位扳，白死。黑3扳仍是要点，如先走5位扳，白3位立，可活。今至白6成劫争。

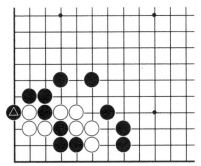

问题图（白先白活）

黑△扳是错着，白棋可活。白先，你打算怎样补活呢?

中级

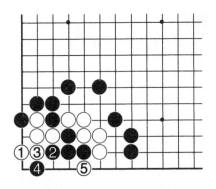

解答图

白1尖是要点，黑棋渗透不进来了，白活。

黑2至白5是示意图。

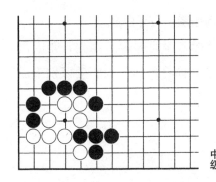

问题图（黑先劫）

白上方有一后手眼，角部眼位较大，但并未活净。黑先，你将怎样动手呢?

中级

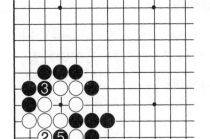

解答图

黑1打，是破眼要点。白2曲，是最强抵抗，角上一眼已无法破除。黑3破上方的眼，白4做劫成劫争。这是双方均正的结果。

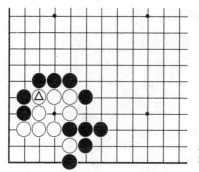

问题图（黑先白死）

白△团眼是错着，黑先，你能破掉角上的眼吗？这是最简单的死活，希望初学者都会下。

初级

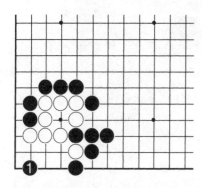

解答图

黑1大跳，白无法分断黑子，角上就做不出眼了。

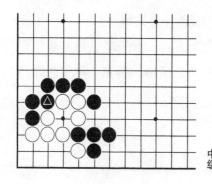

问题图（白先白活）

黑△破眼是错着。白先，角上白棋能活，你将怎样下呢？千万别下成"大猪嘴"。

中级

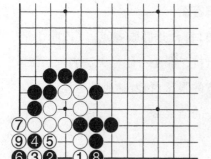

解答图

白1立是求活要点，黑2点，白3靠。黑4打时，白5挤打是关键之着，至白9止，白活。

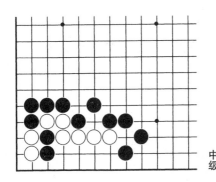

中级

问题图（黑先劫）

角上白子尚未活净，黑先，只要能下出一个常用手筋，就能成劫争。

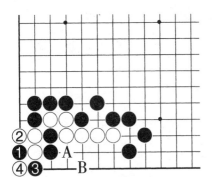

解答图

黑1夹是常用手筋。白2只有留下这个子，黑3做劫成劫争。

白2若A打，则黑2位打，白提二子，黑B大飞，白死。

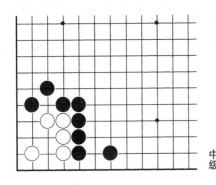

中级

问题图（黑先劫）

这个棋形是容易遇见的，白子尚未活净，黑先可以形成劫争。你打算怎样下呢?

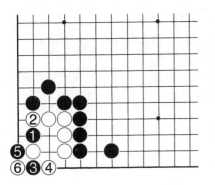

解答图

黑1靠是要点，白2冲时，黑3夹是妙手，白4打，黑5打形成劫争。

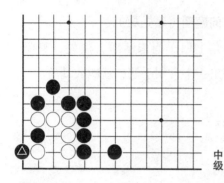

问题图（白先白活）

黑△扳是错着，这手棋一错，就全功尽弃了。白先，你能活出这块棋吗？

中级

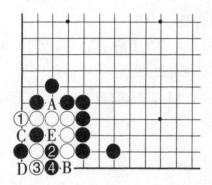

解答图

白1立下，扩大眼位，是正着。黑2打，白3立，黑4打时，白A位有外气，可在B位打；A位若无外气，则白C、黑D、白E，也是活棋。

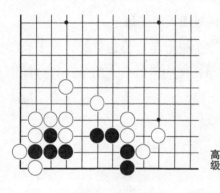

问题图（黑先黑活）

这是挂星位角，单关应后黑脱先，白一间夹，黑点角，以后形成的图形。乍看黑眼位不足，但利用白一路弱点，黑先，仍可求活。

高级

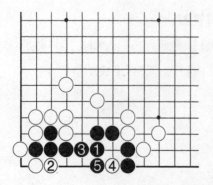

解答图

黑1曲，是较难想到的一手棋。白2爬时，黑3粘，白4点，黑5挡，活了，白无法破黑另外那个眼。

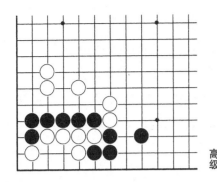

问题图（白先杀黑）

这是我国元朝名著《玄玄棋经》上的一道题。角部棋形在近代小目低挂一间高夹定式中能见到，外围稍不同。白先，可以杀黑。

高级

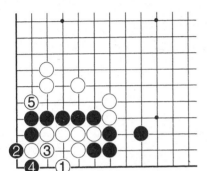

解答图

白1尖，要活，是长气手筋。黑2只有扳，若3位断，则白2位立活了。白3粘，至5杀黑。近代棋中，白与下边黑子对杀较常见，也是这样长气。

九、金柜角

"金柜角"又称"斗方"，这是常见死活棋中最复杂的。过去，有这种说法："能弄清金柜角的变化，就具备了职业棋手的水平。"

"金柜角"是如此麻烦，因此，在当前围棋死活题的书大量上市的时候，有的书中对"金柜角"或多或少出一点错，也是在所难免的。

"金柜角"不是后半盘侵分能形成的，而是前半盘作战产生的，因此，被围方的外围必然是被切断的。但为了做题方便，死活题中的围困方外围都是完整的。这点差异，请注意。

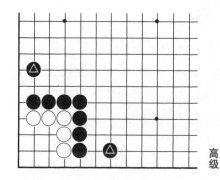

问题图（黑先劫）

这是无气金柜角，外围已简化，两个△子表明白一路扳不是先手。攻金柜角的常识是"二二"点，但无气金柜角有特殊的攻法，你知道吗？

高级

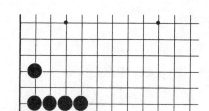

解答图

黑1夹是最佳攻击，白2只有夹，黑3在这边扳是要点，白4打是唯一应手，黑5夹，白6抛劫，这个劫黑胜可将白提光。打劫时，白不能找本身劫。

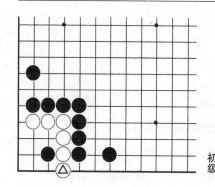

问题图（黑先白死）

白△立，将棋走死了，黑先，你能杀白吗？

初级

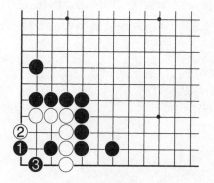

解答图

黑1跳，要渡，白2尖阻渡，黑3做眼，白死。白棋不要再动脑筋了，因为弄不好会走出后手死来的。

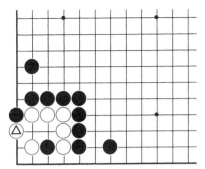

问题图（黑先白死）

白△挡，同样把棋走死了。黑先，你将怎样杀白呢？

初级

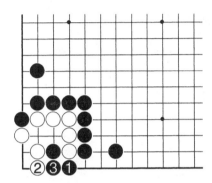

解答图

黑1渡回，白2立，黑3冷静粘接，白无法做上面的眼，白死。

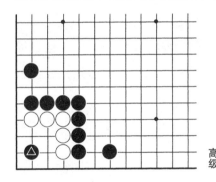

问题图（白先劫）

黑△点入是可下的一手，但不是唯一的一手，因为它稍不如夹入有利。但不少死活题书上将它说成唯一的一手就错了。白先，仍为劫争，你将怎样下呢？

高级

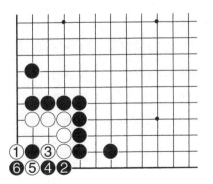

解答图

白1托是正着，左右同形，哪边托都一样。黑2扳，白3不能在4位挡，只能这样曲，黑4爬入，白5扑，黑6提成劫争。

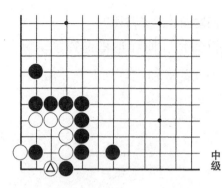

问题图（黑先白死）

白△打吃，就把棋走死了。黑先，你能杀死白棋吗？要注意行棋次序。

中级

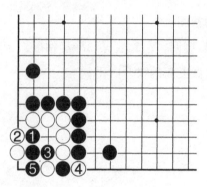

解答图

黑1长，要渡，不撞紧气是常法。白2阻渡，黑3再打，白4提，黑5打，白死。黑先3位打，再1位，也可以。

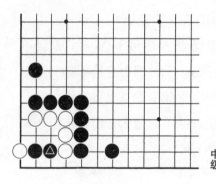

问题图（白先劫）

黑△向没有托的一方顶，也是可下的，仍将形成劫争。白先，你将怎样下呢？

中级

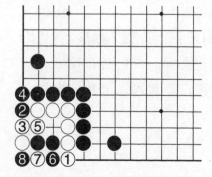

解答图

白1只能立，黑2扳，白3可打，黑4粘，白5亦粘，黑6团，白7只有扑入，黑8提成劫。这样打劫，黑的好处是劫损失最小，不利之处是劫胜后须成"刀板五"杀白，对外围可能有影响。

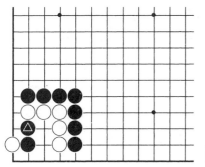

问题图（白先劫）

黑▲向这边并，也是可下的一手，其结果与一路扳近似而稍有不同。白先，仍为劫争，你将怎样下呢？

中级

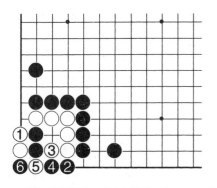

解答图

白1只能退不能立，若立，黑在5位立，白死。黑2扳至黑6成劫。这和先扳相比，多了一手交换，黑劫胜提得较干净，黑劫败则官子稍损。

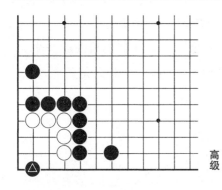

问题图（白先白活）

黑▲在这里点入是错着，白先，白可活。你知道怎样才能活吗？

高级

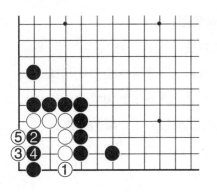

解答图

白1立，是唯一的求活之着。黑2夹时，白3点是关键之着。黑4明智之着，白5退回成"双活"。这样，白角无目。黑4若5位挡，见下题。

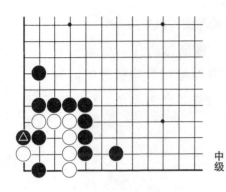

问题图（白先白活）

黑△挡下不好，白仍可活出，角上就有目了。白先，你能活出吗？

中级

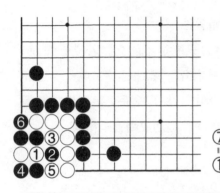

⑦
＝
①

解答图

白1冲，送吃是关键。黑2若于6位曲，则白3位打可活。今黑2吃白二子，白3打后5打是关键。黑6渡，白7提，白活。

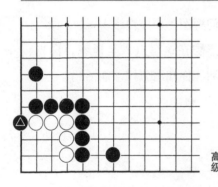

问题图（白先劫）

黑△扳，是带有欺骗性的一手，如果白方下对了，则仍是打劫。白先，你打算怎样下呢？

高级

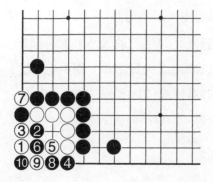

解答图

白1飞，是唯一的应手。黑2扳，白3只有断打。黑4继续埋伏机关，白5团是正着。黑6打至10成劫。这样打劫，被白7先提一子，黑稍亏损。

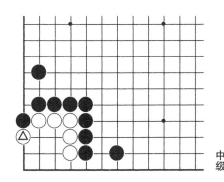

问题图（黑先白死）

白△随手一挡，棋就死了。黑先，你能杀白吗？

中级

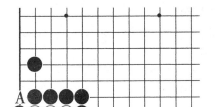

解答图

黑1夹是杀着，若被黑在2位渡回，则角上无法做出两眼。白2立，黑3打，白4粘，黑5粘，白6后，黑7成眼杀。白4若A提，则黑4位打，白死。

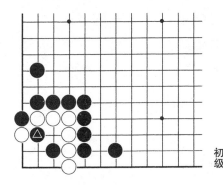

问题图（白先双活）

黑△在这里一打，"煮熟的鸭子"又飞了。白先，白可活出，你将怎样下呢？

初级

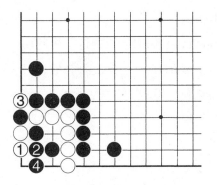

解答图

白1长，是求活要点。黑2只有打，若3位粘，白2位打，活。今白3提，白亦活。黑4立时，已成双活，白千万别在公气处下子。让黑去下，黑无法吃白。

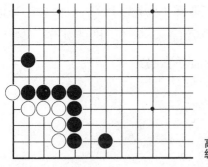

问题图（黑先劫）

紧气金柜角有一扳，黑方夹的手段不成立了。但"二二"点入之后，白棋的一路扳没什么用，仍为劫杀。黑先，将怎样下呢？

高级

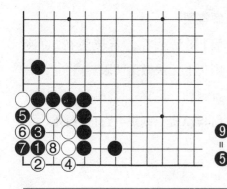

解答图

黑1点入，只此一手。白2有三种下法均为劫争。单从死活而言，三种下法均正确；但从实战而言，在没有扳的一面托较好些。黑3只并，白4也可下8位，今立，至黑9成劫。白劫胜后目数较多。

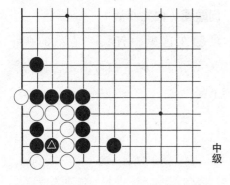

问题图（白先缓气劫）

黑▲团是俗手。白先，将形成对白有利的缓气劫，但第一手你必须下对。

中级

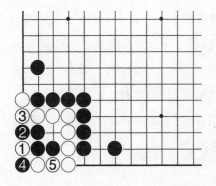

解答图

白1扳，是做眼要点，这手棋的用意是不让黑在3位扑。黑2至白5成缓气劫，白有利。黑2若下5位，白2位，同样是缓气劫。

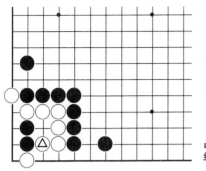

问题图（黑先劫）

白△顶，也是可下的，黑先，仍然是打劫。你打算怎样下呢？

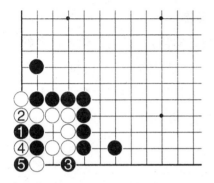

解答图

黑1立，是必须下的，如果先在3位扳，白在1位扳就成"双活"了。

白2粘后，黑3再扳，白4只有扑入，成为劫争。

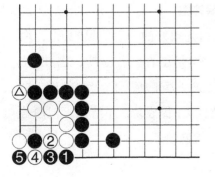

问题图（黑先劫）

白△在这边托，也是可下的，这是有扳紧气金柜角的第二种变化，仍为黑先劫。你将怎样下呢？

解答图

黑1扳，是最好的一手。白2曲是正着，黑3爬入，白4扑，黑5提，成为劫争。白△没起作用，但不等于不好。

111

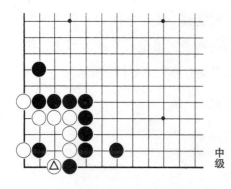

中级

问题图（黑先劫）

白△打，是想让那个一路扳起点儿作用，在没有一路扳时白△打是不行的，现在可以打，但并不好。黑先，你将怎样下呢？

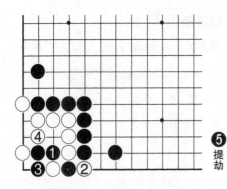

提劫

解答图

黑1、3连打，虽是初学者都会的下法，但却是最简明的。白4必走，黑5提劫，成劫争。白劫胜之后，角上仍留有双活，白不利。

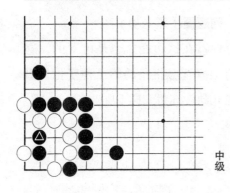

中级

问题图（白先劫）

黑△顶，在白没有一路扳时，这样一顶，白就死了；现在有一路扳，黑△虽仍可下，但今后比较麻烦。白先，你怎样下？

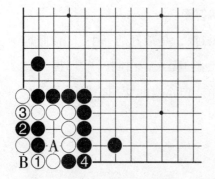

解答图

白1是很好的一手，黑2必走，白3粘。黑4是正着，若提劫，白在4位提，就成"万年劫"了。黑4粘后，白若A粘，黑B提成劫，不麻烦；但白若脱先，就麻烦了。

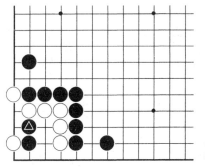

中级

问题图（白先劫）

黑●顶是可以考虑的一手棋。白先，有两种下法可以成劫争，但一种好些，一种差些，你可别选中差的那种。

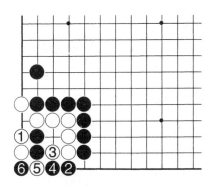

解答图

白1退是正着，黑2扳，白3团，黑4渡，白5扑，黑6提成劫。白的一路扳这个子仍未起作用，但这是白的一种好下法。

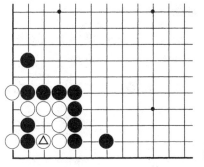

中级

问题图（黑先劫）

白△顶，是不好的一种下法，虽也能成劫，但不好。你能说明白为什么不好吗？

解答图

黑1打，是谁都会下的，白2只能渡，若被黑走到2位即成"眼杀"。

黑3提劫，成劫争。但白劫胜后，一手补不干净，白不好。

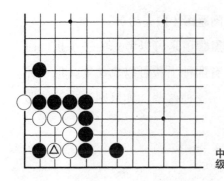

问题图（黑先劫）

白△顶，是本型的第三种下法。这种下法的好处是简明，适合棋力稍弱的棋手采用。

黑先，劫，均为逼着。

中级

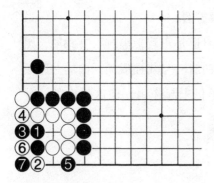

解答图

黑1必走，不让白在这里做眼。白2扳，要在3位做"双活"，黑3必走。白4粘，黑5只有破眼，白6扑入，黑7成劫争。中途没有变化，很容易掌握。

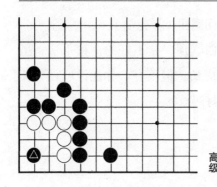

问题图（白先劫）

这是有气金柜角，也称松气金柜角，它和无气金柜角（也称紧气金柜角）相类似。黑△只有在这里点。白先，劫争。

高级

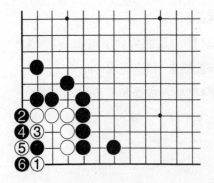

解答图

由于左右同形，白棋的下法只有两种，一种是托，一种是曲顶。今白1托，黑2在反方向扳，白3仍只有曲，至黑6成劫，与无气金柜角一样。

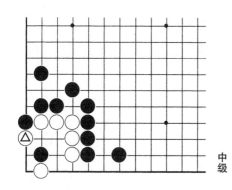

中级

问题图（黑先白死）

白△打是错着，黑先，可以杀白，你将怎样下呢？要注意次序。

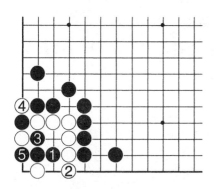

解答图

黑1夹是正确次序，白2立，黑3打是要点，白4提，黑5打，白死了。白如再下，会成后手死。

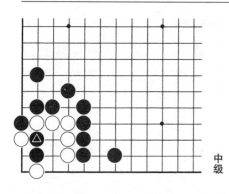

中级

问题图（白先劫）

黑▲次序错误，角上又成打劫了。白先，你将怎样下呢？

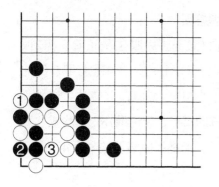

解答图

白1提，黑2只有打，白3顶，成劫争。

黑2若下3位，则白下2位，白就活了。这是有气与无气的不同之处。无气时黑可一路渡回。

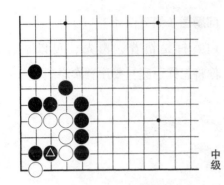

中级

问题图（白先劫）

黑△顶，仍是可下的一手。白先，你将怎样下呢？

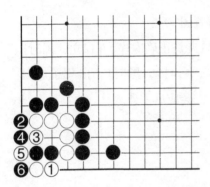

解答图

白1退是正着，黑2扳，白3只有曲，黑4爬入，白5扑成劫。

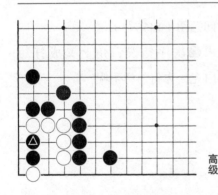

高级

问题图（白先万年劫）

黑△向这边顶，不好。现在白松气有作用了。白先，将成"万年劫"。

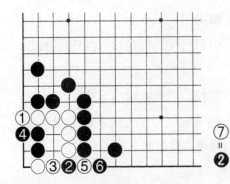

⑦
‖
②

解答图

白1立下扩大眼位是正着。黑2扳时，白3可以打吃。黑4是无可奈何的一手，白5提，黑6打，白7粘。这是一个特殊的棋形，无论谁扑入，均成"万年劫"。谁都不能解消这个万年劫。

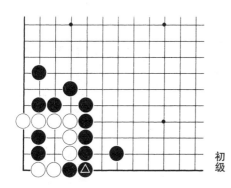

问题图（白先双活）

　　黑▲粘，不好。白先，将成双活。这是初级问题，希望大家都会。

初级

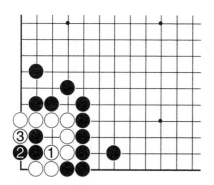

解答图

　　白1粘接即可。黑2只有这样曲，白3占据要点，成双活。就防守方而言，双活优于万年劫，万年劫优于打劫。

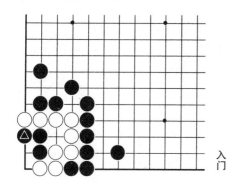

问题图（胀牯牛）

　　黑▲这手棋，在白子无外气时可下，现在白有外气，不能下。白先，将成"胀牯牛"。

入门

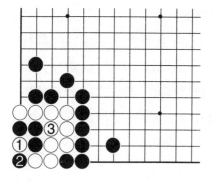

解答图

　　白1扑，黑2提，白3有外气时可以打吃，黑无法粘接，这个图形叫"胀牯牛"，不叫"胀死牛"。牯牛就是水牛，水牛的肚子特别大，吃胀了就不能动了。

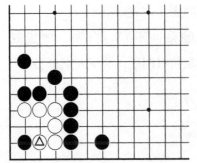

问题图（黑先劫）

白△曲顶，是第二种下法，松气的金柜角能下，紧气的不能下。黑先，仍为打劫，你将怎样下呢？有两种下法。

中级

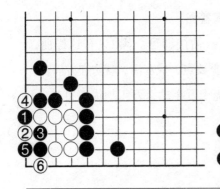

解答图

黑1扳，是第一种下法。白2只有挡，黑3、5连打，白6只有扳，若走别的，黑占6位，白死。黑7提，成劫争。

问题图（白先劫）

黑△顶，是第二种下法。白先，仍为打劫，你将怎样下呢？

中级

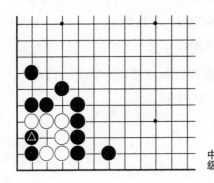

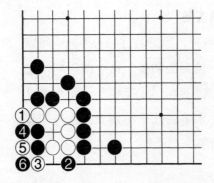

解答图

白1只有立阻渡，若扳，则黑打吃后做个眼，成"笠帽四"杀白。黑2扳，白3只有扳，黑4是防止双活的要点，白5扑入成劫争。

118

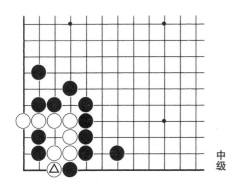

中级

问题图（黑先白死）

白△挡是失着，黑先，你能杀死白角吗？

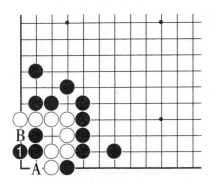

解答图

黑1曲是要点，A、B"见合"（"见合"即两者必得其一），白死。

黑1若走A位，白占1位，就成双活了。

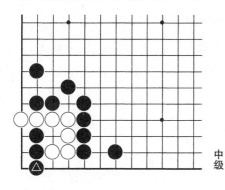

中级

问题图（白先双活）

黑▲立，对于无气金柜角是杀着，现在有气则是错着，白先可成双活。你打算怎样下呢？

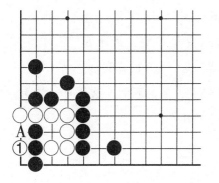

解答图

白1是防守要点，不让黑在这里做"笠帽四"。黑不能在A位吃白，因白可紧气吃黑四子。黑如收外气，白在A粘成双活。

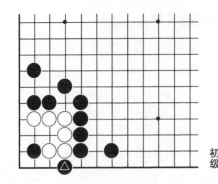

问题图（白先双活）

黑▲在这边扳是错着，白先将成为双活。双活在死活题中属于活棋范畴。

初级

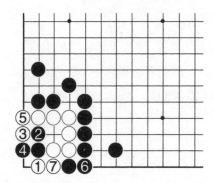

解答图

白1扳是正着，黑2只有在这里破眼，白3扳至7粘成为双活。由于都是逼着，不难下对。

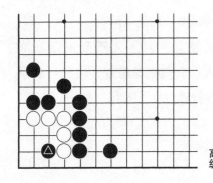

问题图（白先双活）

黑▲夹，对无气金柜角是好手，对有气金柜角是失着。白先，可以下成双活。但你要注意，第一手该怎样下？

高级

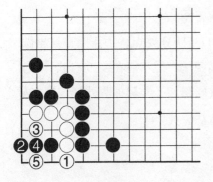

解答图

白1立是正着，而不是"二二"夹。黑2跳，白3似笨实佳，黑4只有粘，白5夹，成为双活。这是有气与无气不同之处。

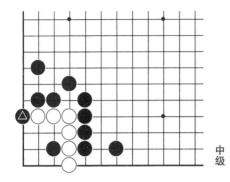

中级

问题图（白先双活）

黑▲在这里扳，角上仍为双活。白先，你将怎样下呢？

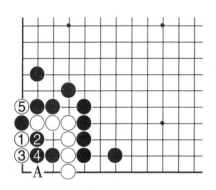

解答图

白1打吃是正着，黑2若断打，白3长是关键，至白5是示意图。黑这样下很吃亏，需要A位下一手才成双活。黑2若3位打，白2位粘，黑4位，白A位，成双活。

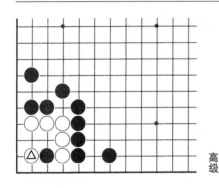

高级

问题图（黑先劫）

黑子夹时，白△反夹是容易出现的错着。黑先，又有打劫了。但这手棋不容易发现。金柜角是最能体现棋力的。

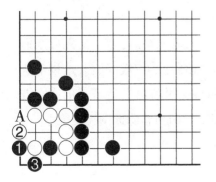

解答图

黑1反夹是好手，白2只有打吃阻渡，黑3打成劫争。白2若A立，黑3位打，白死。

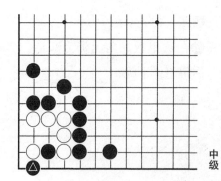

问题图（白先活）

黑▲扳是不能形成劫争的，白先，白可以活，但你必须下对。

中级

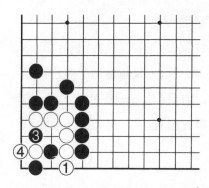

解答图

白1立下阻渡就活了，黑3打，白4立。这个棋形，不要说有气金柜角，就是无气金柜角也是活棋。

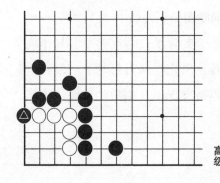

问题图（白先双活）

黑▲扳，在无气金柜角时是"欺着"，结果仍可打劫；现在白有气，则是错着。白先，白至少可成双活，你打算怎样下呢？

高级

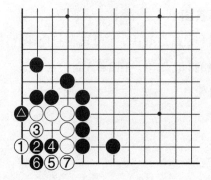

解答图

白1飞仍是要点。黑2是无可奈何之着，白3曲，至7成双活。这种下法比较简单，黑将白送活了，也许有点儿不甘心，只可惜除此别无良策。

122

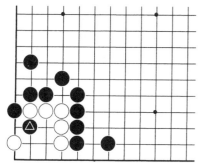

问题图（白先活）

黑△扳，不甘心双活，但结果是白棋可以净活了，而且不难。白先，你怎样下呢?

中级

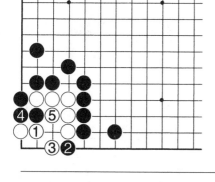

解答图

白1贴住就活了。黑2扳，白3可挡，黑4粘时，白5可以打吃。

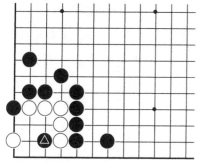

问题图（白先双活）

黑△夹，角上仍是双活。白先，你打算怎样下呢?

中级

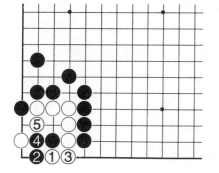

解答图

白1扳，简明。黑2打，白3可粘，黑4只有粘。白5团，成为双活。

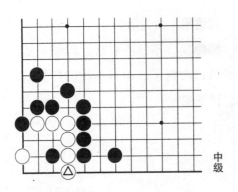

问题图（黑先"万年劫"）

白△立，将形成"万年劫"。黑先，你将怎样下呢？

中级

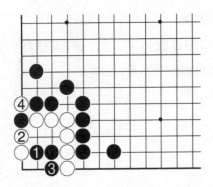

解答图

黑1顶是要点，如果下别的，白在这里夹就活了。白2要注意，只有这样打，保持眼位。黑3曲，白4提，角部彼此僵持不下了。最后，无论哪方扑入，均成"万年劫"。

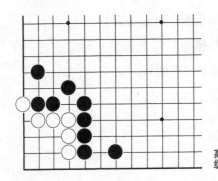

问题图（黑先"万年劫"）

有扳松气金柜角，是金柜角中的高等级，白方通常可以不补。黑先，不管怎样下，白方至少可以成为"万年劫"。

高级

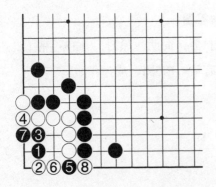

解答图

黑1只有点入，白2要在没有扳的一方托，这手棋的用意是防黑一路扳。黑3顶，白4粘，保持眼位。黑5有两种下法。今扳，白6可打。黑7若于8位粘，白亦粘，成双活。黑7曲，白8提，成"万年劫"。

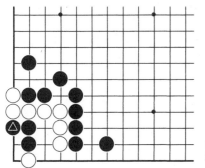

问题图（白先选择）

黑△不先在一路扳，而在这里曲，白就有了做成"万年劫"或"缓气劫"的两种选择。白先，你打算怎样下？

中级

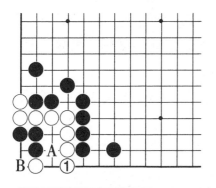

解答图

白1立是很好的一手。黑不肯走A位撞气，大致要脱先。白伺机可下A位，黑B扑成"缓气劫"，白有利。

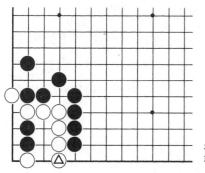

问题图（黑先劫）

白△抢先一步立下，却是错着。黑先，可形成劫争。请你想一想，要点在哪里？

初级

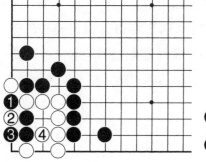

解答图

黑1扑入是要点，白2只有提。黑3拐打，白4不敢粘了，若粘，黑下4位，白死。白4做眼，黑5提劫成劫争。

125

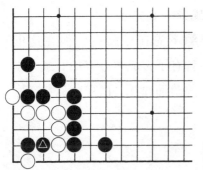

问题图（白先双活）

黑▲向这边顶是错着，白先，白很容易就能双活。白先，你不必玩花样。

初级

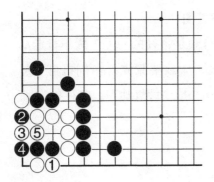

解答图

白1退回简明，黑2扑，白3提，至5成双活。白3也可先走5位。

黑2若走4位，白走2位或5位成双活。

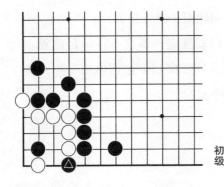

问题图（白先双活）

前文说过，白在这边托是阻止黑一路扳的。现黑一路扳，自然是错着。白先，可成双活，很简单，望大家都会。

初级

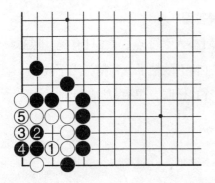

解答图

白1"团"即可，以下至5成双活，均为逼着无变。白1也称"蜷"或"勾"，但不称"猴"或"狗"。

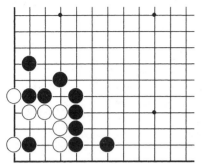

问题图（黑先劫）

白1托错方向，黑先，角上将成劫争。你打算怎样动手？

中级

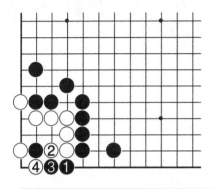

解答图

白棋的托，未起到阻止黑扳的作用。黑1扳严厉。白2团，白3爬，白4扑入成劫争。

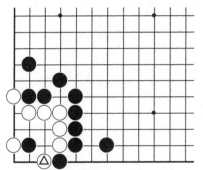

问题图

白△打，角上仍为劫争。黑先，你将怎样下呢？

初级

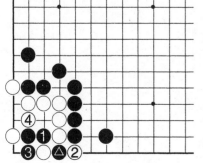

解答图

黑1打，白2提，黑3打。白4不敢粘，防黑走4位，黑5提成为劫争。

127

总结

金柜角是最复杂的，有三个等级：

（一）无气金柜角，攻方"二三"夹或"二二"点，均为劫争。

（二）无气有扳金柜角和有气无扳金柜角，攻方"二二"点入，守方一路托或反方向"团"，均为劫争。

（三）有扳有气金柜角，攻方"二二"点入，守方反方向托，至少可成"万年劫"。

金柜角，是前半盘作战形成的，不是后半盘侵分形成的。实战中，被围方的外围必定是断开的，因此，怎样打劫，要考虑到外围的情况。

第二章

边上死活题

一、七死八活与桥形不活

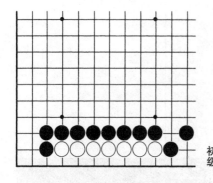

问题图（黑先白死）

白方二路七子，尚未活。黑先，可以杀白，这是入门题，希望大家都会。

初级

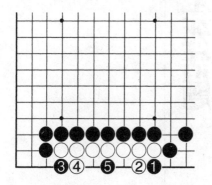

解答图

黑1扳缩小眼位，白2挡，黑3再扳，白4挡，黑5点入，白死。有个顺口溜叫："七子两头扳，一点就玩儿完了。"二路上有八子，就已经活了，习惯叫七死八活。

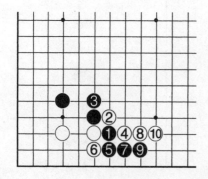

应用图

上图黑外围那么厚实，是不会遇见的，但本图是常见的。在黑征子不利时，黑1扳是错着。白2断，黑3退，白4打、6挡之后，黑须爬一连串二路。棋谚说"七子沿边活也输"。

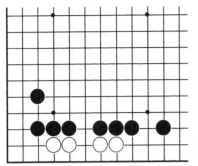

初级

问题图（白先白活）

白二路虽只有四子，但白先，可取巧成活。这个棋形不容易遇见，只是教你一下活棋的手法。

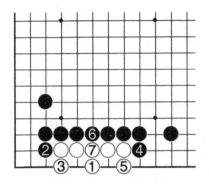

解答图

白1倒虎，是求活要点，至白7止，白活。

白1若误走2位或4位，黑在7位挖，白死。

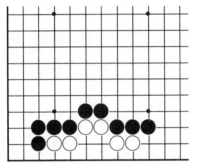

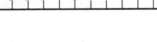

初级

问题图（黑先白死）

白方的棋形像小桥，没有专门名称，我就称它为"桥形"。黑先，可以杀死白子，你将怎样下呢？

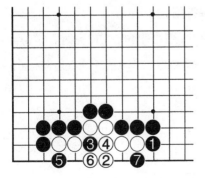

解答图

黑1曲即可，让白自己去做眼，却无法做活。我称它为"桥形"不活。从白2至黑7是示意图，白死。

侵分时碰入对方的双拆二，会出现这个棋形。

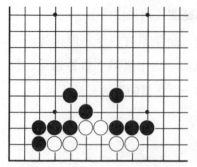

问题图（黑先白死）

白棋的三路子松了一口气，但仍不是活形，黑先，可以杀死白子。你将怎样下呢？

初级

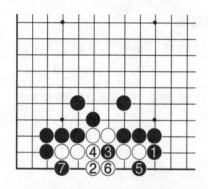

解答图

黑1曲是正着，白子仍无法补活。白2虎，黑3仍可断，以下至黑7白死。

白2在6位虎也一样。

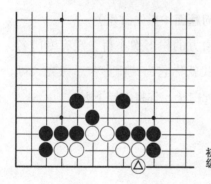

问题图（黑先白死）

白△立下，未具活形，黑先，同样能杀白。这是一种最基本的破眼方法，希望大家都会。

初级

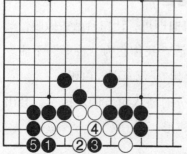

解答图

黑1扳缩小眼位，白2虎时，黑3点入是破眼要点。白4粘，黑5亦粘，白无法团眼。

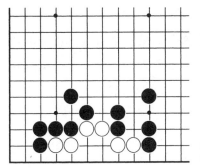

初级

问题图（白先白活）

白三路和二路子各空一气，就可以补活了。怎样补活有方向性？白先，这是简单的死活题，望大家都会。

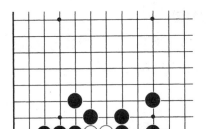

解答图

白1必须在无气的一方虎，这是求活要领。黑2断，白3立，黑不能构成打吃，A、B见合，白活。白3走A位也可活。白1如走错方向，黑断后可构成打吃，白不活。

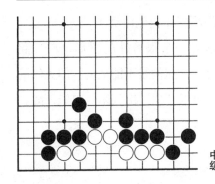

中级

问题图（黑先白死）

白二路多爬了一个子，稍具迷惑性。三路子有一口气，仍未具活形。黑先，可以杀白，但你要注意方向哦。

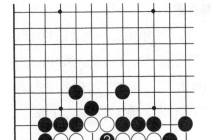

解答图

黑1在三子一边扳，就还原成桥形的最初级形了。白2虎，黑3断，白4打吃，黑5粘是冷静的一手，白死。黑5若在一路打吃，虽也可杀白，但稍差。

133

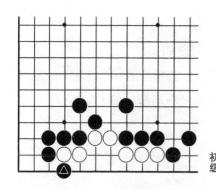

问题图（白先白活）

黑▲扳，是初学者容易出现的错着。初学者心理是爱走先手。但这却是帮忙棋，白先可以活出。

初
级

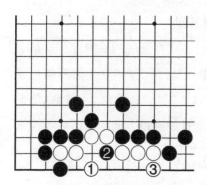

解答图

白1虎，求活要点。黑2断，故松一口气而不是打吃，白3立就活了。

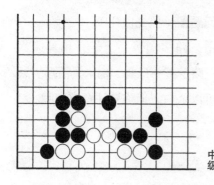

问题图（白先白活）

这是一个很特殊的桥形。白二路子没有气，照例是不能活的，但无气的二路子可以"变"出气来。白先，活。

中
级

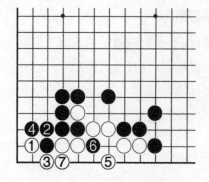

解答图

白1夹，无中生有，是常用的延气之着。黑2只能粘，白3渡，黑4挡，白已长出气来了。白5虎，至7白活。黑2若3位立，白2位断，得到7位的打，白活。

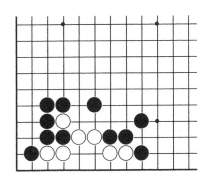

问题图（白先劫）

双方向角上移了一路，白先，可成劫争。你打算怎样下呢？

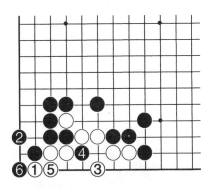

解答图

白1扳，仍是长气之着，黑2虎，准备打劫。白3虎，黑4断，白5粘，黑6抛劫，形成劫争。黑2虎，在进攻时是常用的。

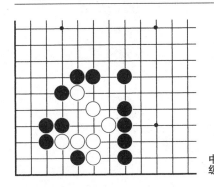

问题图（白先劫）

这是低挂四四角，黑"小鬼把门"后形成的棋形。白先，可成劫争，你将怎样下呢？

中级

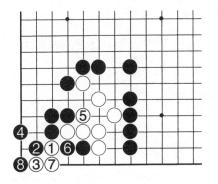

解答图

白1扳、3连扳是常用手筋，那颗黑子帮了白棋的忙，白3是安全的。黑4虎，预备打劫。白5做眼，黑6打，白7可粘，黑8扑入成劫争。

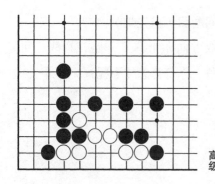

问题图（白先选择）

现在白两边可夹，白先，求活不成问题，问题是你选择在哪边夹及双方的变化。

高级

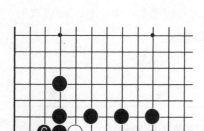

解答图

白1在角上夹是正确的选择。黑2立下是明智之着。白3断后至白7活出，是双方可以接受的结果。

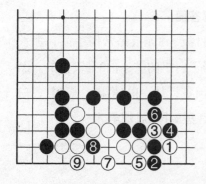

失策图

白1向边上夹失策，至白9虽然也活了，但边上损失太大，黑满意。

二、笠帽四与曲四

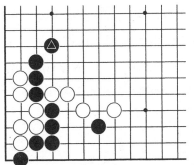

问题图（黑先白死）

这个图形是常能遇见的，黑▲尖是先手，白应角上补棋，白若不补，黑先可杀白。白方眼位是不完全的"笠帽四"，据此，你可以找到杀棋要点。

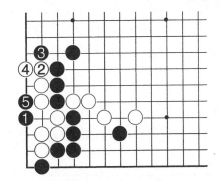

初级

解答图

黑1点入，是破眼要点，白2、4扩大眼位但无济于事。至黑5，白死。

黑1若误走2位，白占1位就活了。

问题图（白先白活）

白先当然能活，而且有多种活法，因此，在通常的死活题书上，是见不到这道题的。但结合实战，正确的活法只有一种。

初级

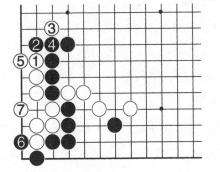

解答图

白1爬是正着，黑2虎，白3刺，待黑4粘后，白5补活，眼位成"曲四"的样子，活了。但黑6若扳，白7应这样做眼，不可随手打吃。

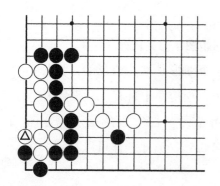

问题图（黑先劫）

白△打失着。黑安排好边上的子之后，就可杀角了。白棋这个"曲四"叫"断点曲四"，其本身不能算两眼。黑先可成劫争，你将怎样下呢？

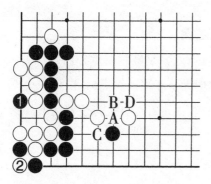

解答图

黑A、白B、黑C、白D之后，黑1是手筋。对付通常的"断点曲四"采用打吃，是因为找不到做倒扑这个点。现在在一路上，能找到这个点，则优于打吃。白2只有提劫成劫争。

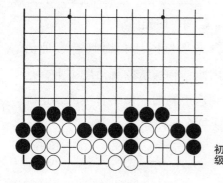

初级

问题图（黑先劫）

白边上多了一个眼位，黑先，仍可形成劫争。你将怎样下呢？

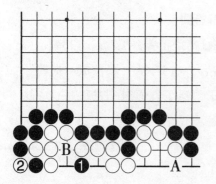

解答图

黑1是常规手筋，也是唯一的一手，白2提成劫争。黑提劫后，白还可A立，黑B扑，继续劫争。做死活题学常规手筋，犹如读文章学修辞。我劝业余5段以下棋手别读《发扬论》，因为那不是"文章"，而是文字游戏。

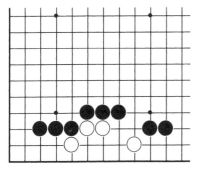

问题图（白先白活）

这个棋形，白先可以活出，而且有两种活法。

《围棋棋经众妙》有这道题，但出了两个错。

中级

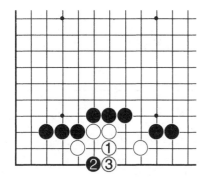

解答图一

白1曲，是保守的求活法，基本眼位是曲四活棋。曲四是不怕点眼的，黑2点，白3挡，两边有眼就活了。

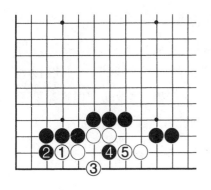

解答图二

白1爬，是进取的下法，《围棋棋经众妙》没有提到这手棋。黑2曲，白3倒虎已活。黑4、白5仅是示意，因这个交换黑亏损。

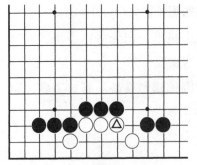

问题图（黑先劫）

白△贴，扩大眼位，则是错着，黑先，将成劫争。黑第一手应下哪里？《围棋棋经众妙》上的解说有误。白△是向笠帽四发展。

中级

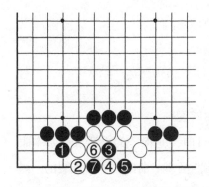

解答图

黑1挡是必须下的。白2只有立，好像是"板六"但不完整，就会变成"笠帽四"。黑3点入，白4夹，至7成劫争。《围棋棋经众妙》不是黑1，直接走3位，白6位粘成"曲四"活棋。

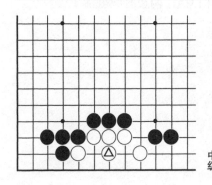

问题图（黑先劫）

黑挡时，白△又是错着，结果自然越来越差。只能做个两手劫了。黑先，你怎样下？

中级

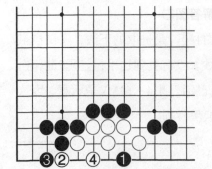

解答图

黑1点入，是破眼要点，白方的基本眼位是"笠帽四"，不能做大眼活，只有2扳、4做劫。但这是两手劫，白劫胜后须圆眼再打劫。

140

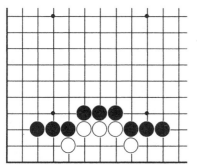

问题图（白先白活）

白三路三子，两边二路有扳，白先，活棋不难。你打算怎样求活？

初级

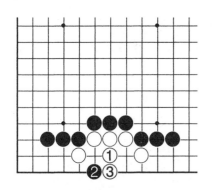

解答图

白1居中做眼是正着，基本眼位仍为"曲四"。"曲四"的特点是对方点入，我可分开做眼。黑2点入，白3挡，白活。

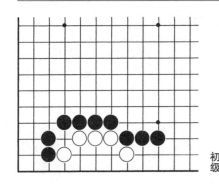

问题图（白先白活）

现在一方被挡住，但空了一个"肩膀"，基本眼位仍为曲四，白方仍可做活。

初级

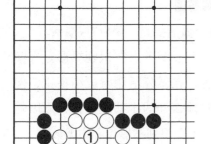

解答图

白1仍这样做眼，黑2点入，白3可挡下，黑4再点，白5可分开做眼，白活。黑2以下是示意图。

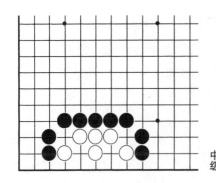

问题图（黑先白死）

两边二路均挡住，两个"肩膀"全空着，基本眼位是"断头曲四"。黑先，可杀死白子，你打算怎样动手？

中级

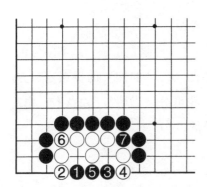

解答图

黑1点入，破眼要点，白2只有挡。黑3再点入，5粘接，白6团，黑7挤，成"断头曲四"杀白。

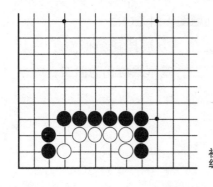

问题图（白先双活）

现在白棋有一个"肩膀"，白先，可以求活。基本眼位是"曲四"。

初级

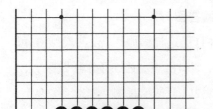

解答图

白1做活要点，至白7成双活。

以上多图重点在识别棋形。有些初学者，在做死活题时成绩不错，但对局时什么样的棋都能走死，原因就在于还不会识别棋形，心中无数。

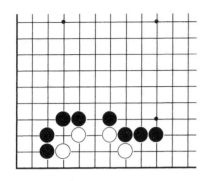

问题图（白先白活）

白棋的几个残子可以求活，因为有一边的二路未被挡住。白先，相信你已经会下了。

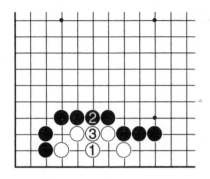

解答图

白1虎，黑2粘，白3粘，白已活。

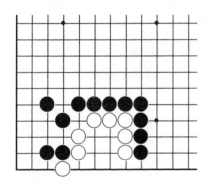

问题图（白先双活）

类似这样的棋形是常能遇见的。最起码的条件是有个一路扳，上方一个"肩膀"已团上。白先，可以做活。

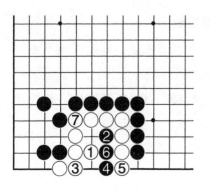

解答图

白1曲，是求活要点。白棋的眼位，虽然有点儿像"板六"，但实际上是"曲四"。因此，白棋该做曲四。黑2点入，至白7成双活。注意，白1要下在有扳的一方，用意是防黑一路扳。

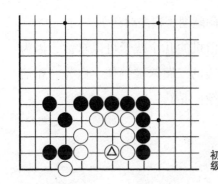

问题图（黑先白死）

白△团错方向，棋就死了，黑先可以杀白。你将怎样下呢？

初级

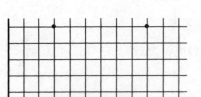

解答图

黑1扳，白眼位已不足。白2想分开做眼，但黑3可点入，白一路的扳不起作用。白死。

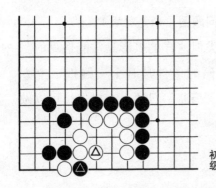

问题图（白先白活）

白△方向正确，黑△扑，白先，仍能活。这是最简单的死活题，希望大家都会。

初级

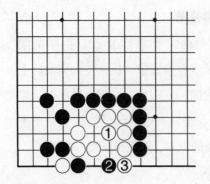

解答图

白千万别去提，提则眼位不足，因此要分开做眼。白1是分开做眼的要点，黑2点入，白3挡下，白一路扳这个子起了作用，白活。

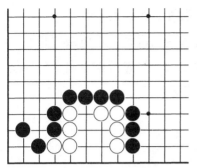

中级

问题图（白先白活）

白子上方有个缺口，但二路上多了一拐，白先可以活出，要领是仍做"曲四"而不是做"板六"。

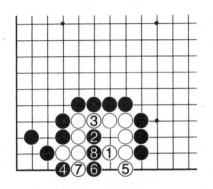

解答图

白1要在缺口的另一方曲，用意是不叫对方冲。黑2点入，白3粘。黑4与白5见合，黑走哪边都一样。至黑8止，白是先手双活。

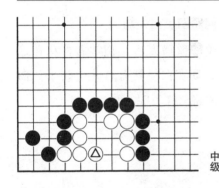

中级

问题图（黑先白死）

白△下错方向，黑先，可以杀白。但你不要随手下子，要想一想再下。

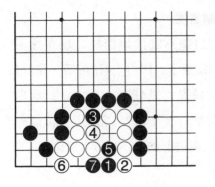

解答图

黑1点入是破眼要点，待白2挡下后黑3再冲，至黑7成"断点曲四"杀白。黑1若随手在3位冲，则白走1位可活。

145

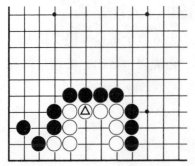

问题图（黑先白死）

白△粘是错着，希望做"板六"是不现实的。黑先可以杀白，但你要掌握要领才行。

中级

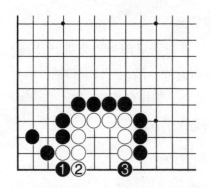

解答图

黑1要在有拐的一边扳，因为白在这里曲能扩大眼位。白2挡，黑3再扳，这样两边都扳到了，白死。

白2若3位立，黑走2位，送吃两子，白死。

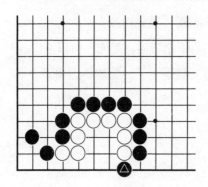

问题图（白先劫）

黑△扳错方向，初学者喜欢在这边扳，现在白棋就有点儿生路了。白先，你将怎样下呢？

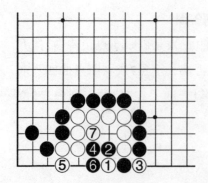

解答图

白1毫不犹豫地挡住，现在黑不能在5位扳了，因白走4位可活。黑2打吃，白3提，黑4破眼，白5立，至白7成劫争。至于白7时粘劫，黑7位破眼，白向边上逃出，则另当别论。

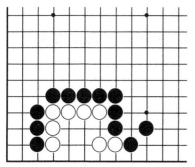

问题图（白先白活）

现在白子旁边有一缺口，白先，白仍可补活。你将怎样下呢？

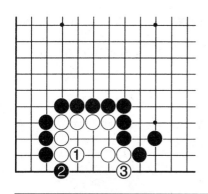

解答图

白1曲，做眼要点，仍是防黑在缺口冲之意。黑2与白3见合，白活。黑若点入，白留下黑子成双活。

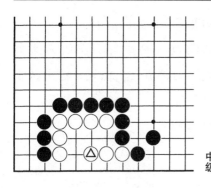

问题图（黑先白死）

白△双是错着。黑先，可以杀死白子，第一手是关键。

中级

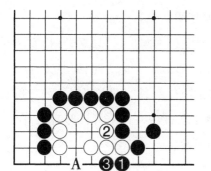

解答图

黑1仍在白二路子多的一边扳。白2粘，黑3爬入，弃两子杀白。白2若3位挡，黑A点入杀白。

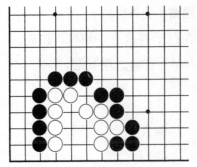

问题图（黑先白死）

白棋的眼好像很大，其实基本眼位是"笠帽四"。黑先，可以杀白，只是比较麻烦一些而已。

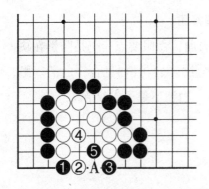

解答图

黑1在这边扳是正着，不让白形成"曲四"。白2挡，黑3再扳，白4做眼，黑5扳，白A不入，白死。白4若A打，黑4位点入后，成"笠帽四"杀白。

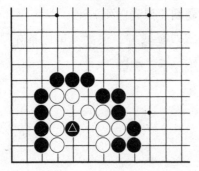

问题图（白先白活）

黑▲点入是错着，误认为这个棋形是"刀把五"。白先，白可做成"曲四"活。

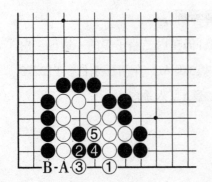

解答图

白1立扩大眼位，黑2夹，白3扳，黑4曲，白5团，成"曲四"双活。"曲四"有两种，即三和一及二和二。黑2若A扳，白3位打，黑2位，白B，黑无益。

高级

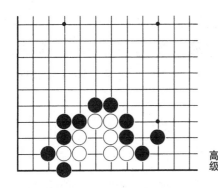

问题图（白先白活）

这是《官子谱》上的一道题，很巧妙。乍看白眼位不足，细看黑角有缺陷，白先，白可活出。

高级

解答图

白1断，3多送一子，是避免打劫。白5打，7立是先手，取得12位打就活了。黑8扳，白9立，成"曲四"活棋。黑10至白13是示意图。

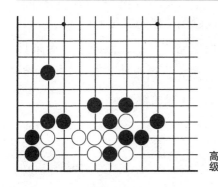

问题图（黑先白死）

这是《官子谱》，上的一道题，黑先，白死。白棋的基本眼位是"笠帽四"。

高级

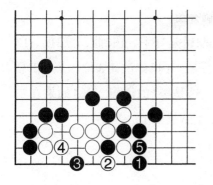

解答图

黑1跳是手筋，要在2位立下，白2只有提。黑3点入要渡，白4阻渡，黑5粘，白死。

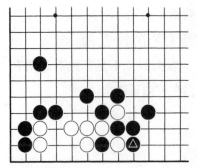

问题图（白先劫）

黑▲打稍差，白就有了一线生路，白先可以形成劫争。你打算怎样下呢？

中级

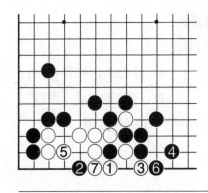

解答图

白1只有提，黑2点入时，白3可顽强地扳，黑4防白逸出，白5曲至白7成为劫争。至于黑4不补，将白放出去再吃，则不合死活题的习惯。

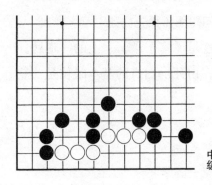

问题图（黑先白死）

白三路三子，二路三子，尚未具活形，黑先，白眼位不足，可杀死白子。第一手是关键。

中级

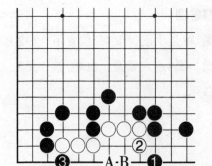

解答图

黑1跳是好手，白2曲，黑3扳，白眼位不足。白2如改走A位，黑可B靠破眼，这是黑1的用意。黑1如果在二路立，白A就活了。

三、板六

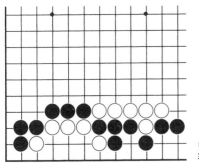

问题图（白先劫）

白子气紧，断点又多，幸亏黑右方有缺点，白先，尚可成劫争。你打算怎样下呢?

中级

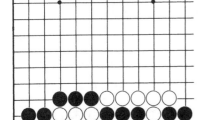

解答图

白1立是先手，要扑吃黑四子。黑2断是应急手段，白3打，黑4打，白5做劫，形成劫争。

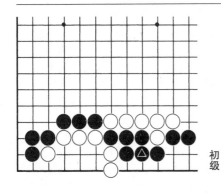

问题图（白先白活）

黑▲自补是缓手，白先，白可活。这是最简单的题，大家一定都会。

初级

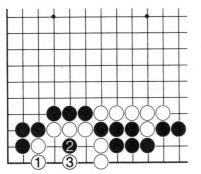

解答图

白1立，形成"板六"即活。白断点虽多，但无妨。通常说"板六"不怕有断点，便是指这种横着的"板六"。黑2则白3，黑2改走3位则白2位，均活。

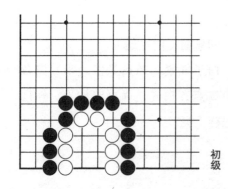

问题图（黑先白死）

这是立着的"板六"，这种板六是怕断点的，但这种"板六"出现的机会很少，黑先，可以杀白。

初级

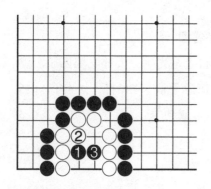

解答图

黑1点入，白2需粘，黑3"并"。白死。黑3也可称"平"。我们知道了有种"板六"是怕断点的，但这种"板六"不常见。因而只有"断头曲四"而无"断头板六"的说法。

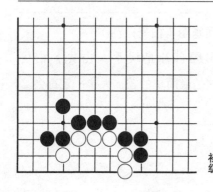

问题图（黑先白死）

白尚未形成"板六"，白气紧，黑先，黑可杀白。你打算怎样进攻?

初级

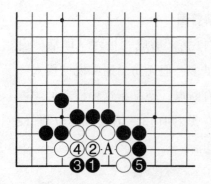

解答图

黑1点是常用手筋。白2只有顶，如3位虎，黑可A位断。黑3、白4之后，黑5做倒扑，白死。

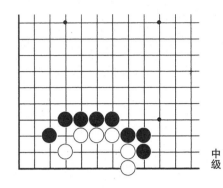

中级

问题图（黑先劫）

白子有一个"肩膀"空着，就不会净死了。黑先，可形成劫争。第一手你打算下在哪里？

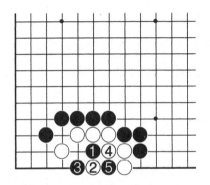

解答图

黑1不是在一路"点"，而是在二路"贴"。白2只有在一路"夹"，黑3打，白4做劫，成为劫争。如果是右边的"肩膀"空着下法也一样，但不容易遇见，因为那个一路子很怪。

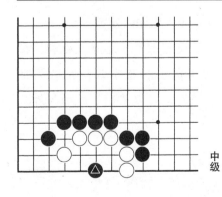

中级

问题图（白先白活）

黑△点入错着，白只要有一个"肩膀"空着，就不宜在一路"点"。现在，白先，可以活出。

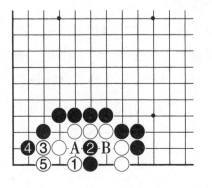

解答图

有"肩膀"空着，白1就能在一路"倒虎"，黑2不能断入，只能往上"顶"。白3、5向角上做一眼就活了。黑若A打，白B打，成"胀牯牛"。

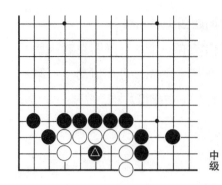

问题图（白先双活）

白棋有两个"肩膀"，即使黑△点入，白棋也能活。白先，你怎样下？

中级

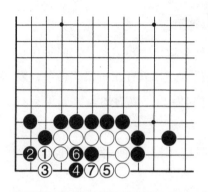

解答图

不要去管黑点入那个子，白1、3自顾自做眼。黑4破眼，白5曲，至7成双活。必须有两个肩膀才能这样下，否则便是"断头曲四"。

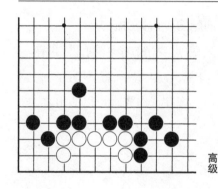

问题图（黑先白死）

白棋没有那个一路立，就和"板六"离得远了。基本眼位是"刀把五"。黑先，可以杀白。此形与外气无关。

高级

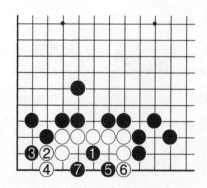

解答图

黑1点入，白2、4扩大眼位，黑5尖要渡，是关键之着。白6挡，黑7尖，成"刀把五"杀白。请注意，这个图形才叫"刀把五"。空着五个交叉点的"刀把五"一经点入，便叫"笠帽四"，有些书上会弄错。

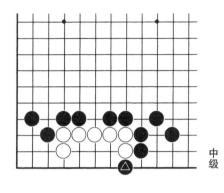

问题图（白先白活）

黑▲扳，是容易出现的错着。原因是分不清最终用"刀把五"还是"笠帽四"杀棋。一扳一点，是最终成"笠帽四"。但这个棋形不是，白先，可活。

中级

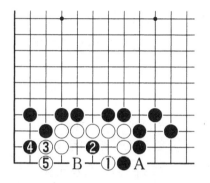

解答图

白1挡住即可，黑2点入，白3、5扩大眼位，就活了。黑在1位尖的棋消失了，接着A、B见合，白活了。

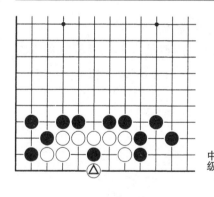

问题图（黑先白死）

白△夹，也无济于事，黑先仍可杀白。你将怎样下呢？

中级

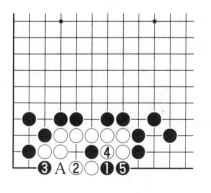

解答图

黑1要在这边打，白2退，黑3扳破眼，白4打，黑5退破眼，白死。

黑1若在2位打，白1位退成双活。黑1若3拉扳，白A挡，也是双活。

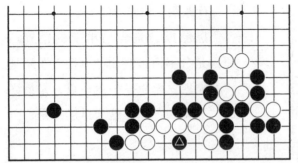

高级

问题图（白先白活）

这个棋形，黑△点入之后，如果周围没有利用，白是死棋。现在黑角有些利用，白先，白可活。

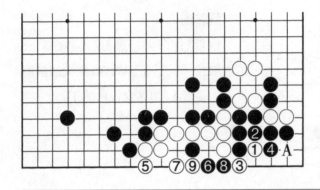

解答图

白1夹是要点，黑2如在3位立，白一路挡下就活了。白3渡，瞄着A位夹成眼，黑4需补。白5立下就活了，6到9是示意图。黑6下在7位是双活。

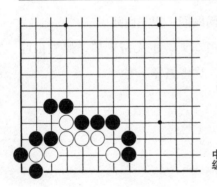

中级

问题图（白先劫）

白眼位不足，幸好黑角上有些弱点，白先，可成劫争。你将怎样下呢?

解答图

白1除了这样打，别无他法。黑2断打是可以考虑的，白3提，形成劫争。黑4是找本身劫的示意图。

除此之外，黑还有另一种下法。

⑥提劫

③①②④⑤

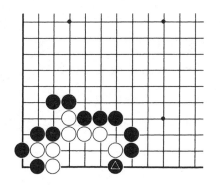

问题图（白先劫）

黑▲扳，是《围棋棋经众妙》上的下法，虽也可下，但有点儿多此一举。白先仍为劫争，你打算怎样下呢？

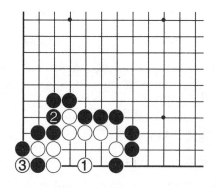

解答图一

白1不能提劫，必须在边上应着，白1跳是形。黑2粘，白3提，成为劫争。这是《围棋棋经众妙》的答案。

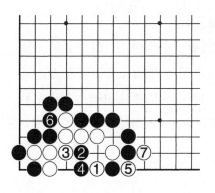

解答图二

白1打，虽是俗手，但白真这样下，黑怎么办呢？根据黑一路扳的思路，黑2在这里点吧。双方行进至白7，黑能否吃白，不知道。黑2如在3位打，则那个一路扳没意思。

四、分开做眼

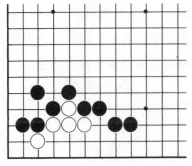

问题图（白先白活）

通常这个棋形可做成劫，但现在位置特殊，白可利用角端的特殊性做成净活。白先，你将怎样下呢？

解答图

白1爬，是只有在这个位置才能下的一手棋，它利用了角端的特殊性。黑2扳，白3尖，黑4扳时，白5巧手。现在黑6不能在7位点眼，因为白可走A位，黑在角上无法入气。"三眼两做"就活了，"三眼两做"是分开做眼的一种。

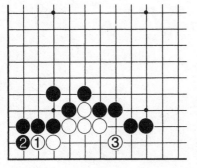

问题图（黑先白死）

仍是这样几个白子，但向边上移了一路。我们在前面的章节中已经知道，白单在3位尖，可成劫争。现在白做了1和2的交换，黑先可杀白。

解答图

黑1扳，本来白子可以下立的，现在不能走了。白2团，黑3可点入，至黑7，白死。我们要认识到，二路先手爬一下，有时是俗手。

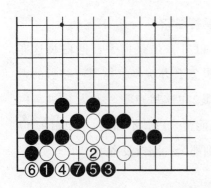

中级

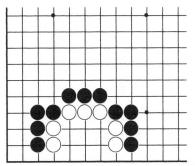

高级

问题图（白先白活）

白眼位好像很大，但不是做大眼来求活，而是典型的分开做眼求活。第一手不难，难的是以后的变化。

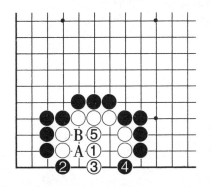

解答图

白1是"形"，这手棋谁都会下。黑2扳时，白3立是唯一的求活之着，利用"接不归"成眼。黑4扳，白5粘，两面各有一眼。黑A即白B。

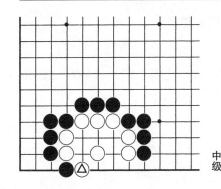

中级

问题图（黑先白死）

白△挡是错着，黑先可以杀白。你打算怎样下？

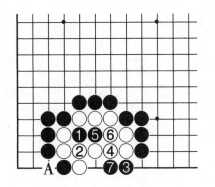

解答图

黑1打是必不可少的，如果先在3位扳，白1位粘可活。白2粘后，黑3扳，至7白死。白4若走7位，黑在6位双打。白2若A提，因进角不能做眼，黑仍3扳。

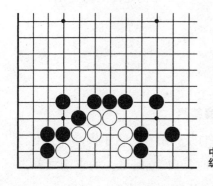

问题图（白先白活）

这是常能见到的棋形，上方的"肩膀"空着，白先可以活出。仍是分做两眼而不是做大眼。

中级

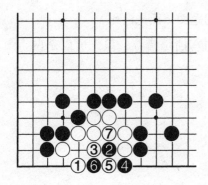

解答图

白1虎是正着，兼顾左右眼位。黑2夹入，白3先做一眼，黑4渡，白5扑入，黑"接不归"，白活。

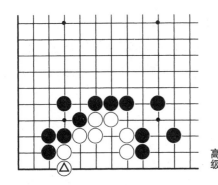

问题图（黑先白死）

白△立，想做大眼，是错着。黑先，可以杀白，但变化复杂些，不知你会不会。

高级

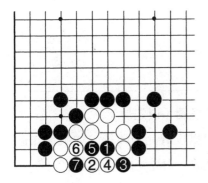

解答图

黑1夹是破眼要点，白2用扳或立阻渡的话，将形成"断头曲四"或"刀把五"。白2跳，虽是常用手筋，但在这里无用。至黑7提后，续见下图。

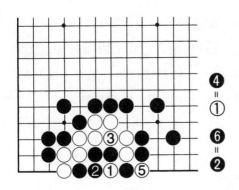

续前图

白1扑，黑2提，白3打时，黑4粘，不让你提四个，让你提六个。白5提，黑6点入，白死。

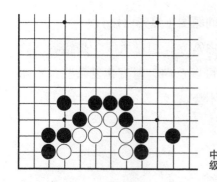

中级

问题图（白先劫）

上方的"肩膀"被人卡住，白先，已无法净活，只有退一步求打劫活了。

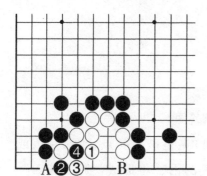

解答图

白1是寻求劫活的下法。黑2只有打，白3做劫，黑4提成为劫争。黑打不赢劫时可在A位粘，白B立，继续打劫。

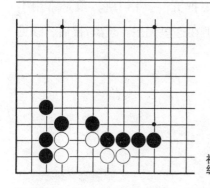

初级

问题图（白先劫）

白棋仅有几个残子，如果你知道分开做眼，白先，尚可形成劫争。

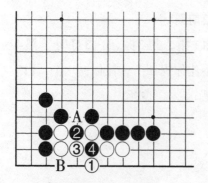

解答图

白1先把右边那个眼做起来。黑2打吃，白3做劫成劫争。黑打不赢劫时可A粘，白B做眼，继续打劫。

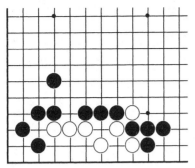

初级

问题图（白先劫）

这样几个白子，采用分开做眼法，也可形成劫争。

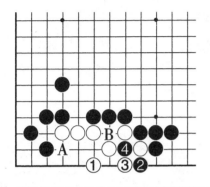

解答图

白1倒虎，先做左方一眼。黑2打时，白3开劫，形成劫争。白1如想做大眼，在A挡，则黑B打，简单杀白。

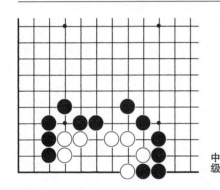

中级

问题图（白先劫）

这些白子，仍需分开做眼，白先，可以形成劫争。你打算怎样下呢?

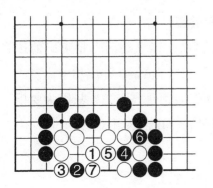

解答图

白1是分开做眼的要点。黑2点入，白3只有挡下，黑4扑、6打是常用破眼法。白7先做一眼，形成劫争是正解。

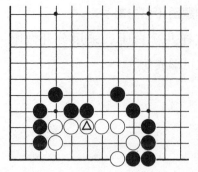

问题图（黑先白死）

白△粘，想做大眼就错了。黑先，可以很简单地杀死白子，希望大家都会。

初级

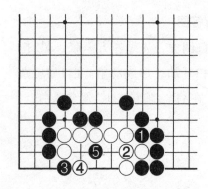

解答图

黑1打，白2只有粘，黑3扳，白4挡，成"刀把五"。黑5点入，就成"笠帽四"了。

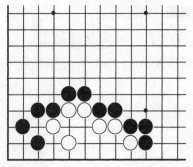

问题图（白先选择）

白眼位较大，白先。你是分开做眼谋求打劫呢，还是扩大眼位求活？

高级

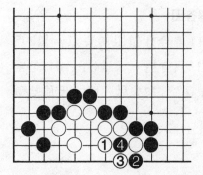

解答图

白1曲，谋求劫活，是正确的选择。黑2打，白3做劫，成劫争。着法很简单，为何是高级题？只因为要排除大眼求活的诱惑是困难的。

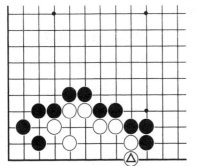

问题图（黑先白死）

白△立是错着，黑先可以杀白。做死活题要记住棋形，如果不记棋形，则今天做对了，明天还会错。

高级

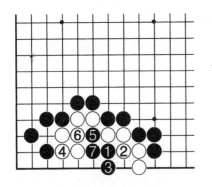

解答图

黑1夹是不难想到的，白2只有粘，黑3立引而不发，让白去做眼，白无法做上边那个眼。初中级者爱急着破眼，不容易想到这手棋。白4团，至7成"金鸡独立"。白4若走7位，黑可6位扑。

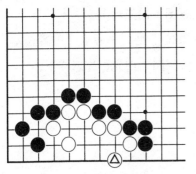
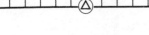

问题图（黑先白死）

白△虎，也是错着。黑先，仍能杀白，而且比较容易一些。

中级

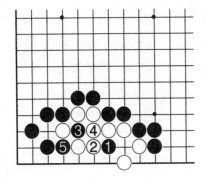

解答图

黑1是要点，白2顶，黑3扑破眼，白4提，黑5挤，白死。白4改走5位，则黑4位提，白死。

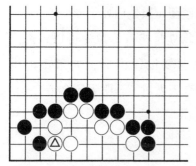

问题图（黑先白死）

白△团，更加不行，黑先可杀白。这是最简单的，想必大家都会。

初级

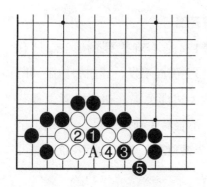

解答图

黑1打是要点，白2粘，黑3打5提，白已死，很简单。白2若A打，黑2位提，白无法做活。

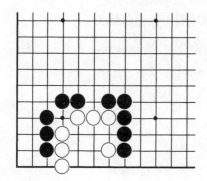

问题图（白先劫）

白眼位不足，幸亏有个一路立，尚有一线生路。白先，你怎样下？

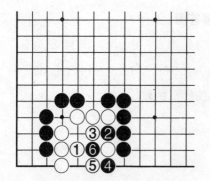

解答图

白1曲，先护住上方一眼。黑2冲，白3挡，黑4打吃，白5做劫，成劫争。

五、破单眼法

对方已有一眼，破掉他另一个眼。或者，对方"三眼两做"，设法把他变成两个后手眼。

这种情况，在边腹较常见。

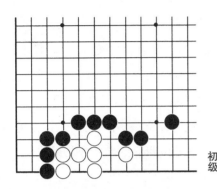

问题图（黑先白死）

你能破掉白边上那个眼位吗？这是最基本的破眼法。

初级

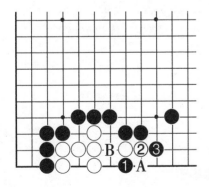

解答图

黑1夹，破眼要点，如果误走2位曲，白在1位立就活了。白2长，黑3扳，A、B见合，白死。

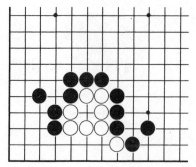

问题图（黑先白死）

白腹中已有一眼，黑先，怎样破掉白边上的眼位呢？

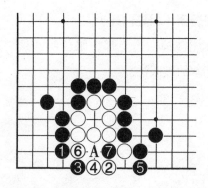

解答图

黑1立，是常法。如果在二路打吃，白至少可成劫争。如果在一路打吃，白1位扳，有麻烦。今白2虎，黑3尖或5立均可，至7杀白。黑1下A位也可杀白，但白6位曲下，有时黑味道差。

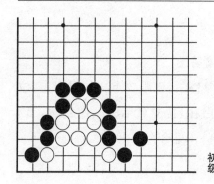

问题图（黑先白死）

这道题与棋子位置有关系，否则有多种杀法。黑先，你将怎样下？

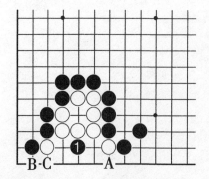

解答图

黑1居中一夹，白死，干净利落。黑1若A打，白B扳，成劫。黑1若C打，白走1位，可成劫。

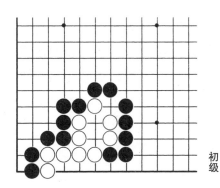

问题图（黑先白死）

黑先，怎样破白上面那只眼？

初级

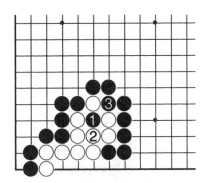

解答图

黑1扑，送吃一子，白无法在3位团，只能白2提子，黑3打，破掉了这个眼。

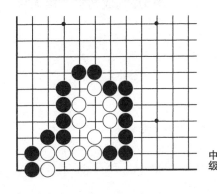

问题图（黑先白死）

黑先，怎样破白上方那只眼？虽稍有难度，但也只须一手棋。

中级

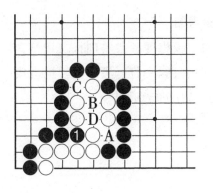

解答图

不能打，也不能扑，黑1挤，白就做不成眼了。白A则黑B扑；白若C团，则黑D扑。

黑1在A位挤也一样。

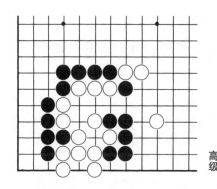

问题图（黑先劫）

黑先，有两种方法能使白上面那个眼成劫，希望你能选中较好的一种。

高级

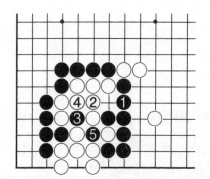

解答图

黑1粘，是较好的破眼之着，让白去做眼。白2粘，防黑在这里挖。黑3扑，白4提，黑5提，成劫争。黑无后顾之忧。

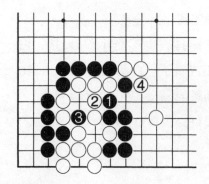

参考图

初中级程度者会黑1曲，白2粘，黑3扑时，白4一打，黑不爽。虽也成劫争，黑有了后顾之忧。

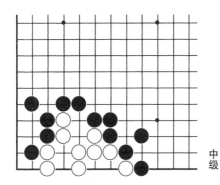

中级

问题图（黑先白死）

白子好像是"三眼两做"，但有破绽。你如掌握破单眼法，黑先，你就能杀死白子。

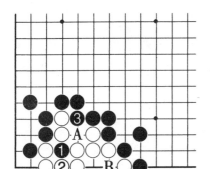

解答图

黑1扑，是破眼常法，白2提，黑3团，白棋成了两个后手眼，死了。白2若A粘，一个眼位便自动消失了，黑B打，白死。这是破单眼法中先手消灭一个眼位的方法。

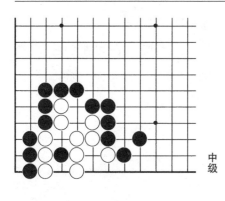

中级

问题图（黑先白死）

白仍像三眼两做，黑先，黑仍可用上法杀白。

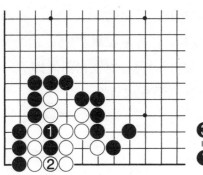

解答图

黑1扑，白2提，黑3再扑，就和上题一样了，白死。

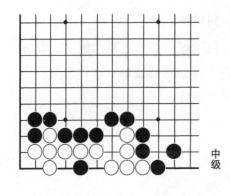

中级

问题图（黑先白死）

横着的也一样，仍可用上面的方法破眼。识别图形的要点是，扑入后的下一手能否形成倒扑，而不是这一手是否打吃。

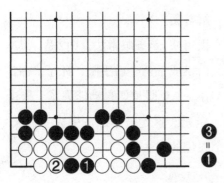

❸
=
❶

解答图

黑1扑，虽未打吃，但下一手可倒扑，白无抵抗手段。白2提，黑3再在1位扑，白死。

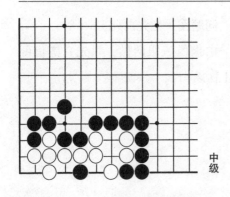

中级

问题图（黑先劫）

棋形稍不同，白可抵抗了，黑先，将形成劫争。你怎样下呢?

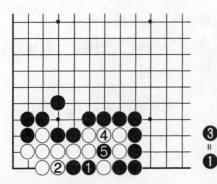

❸
=
❶

解答图

黑1扑，仍是破眼要点，白2可提。黑3再在1位扑时，白不能提了，白4做眼，黑5提成劫争。

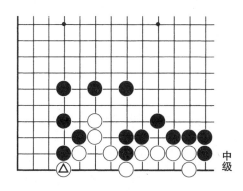

问题图（黑先白死）

白右方有一眼，白△扳，虚晃一枪，黑该怎样下呢？

这是挂入"三连星"内形成的图形。

中级

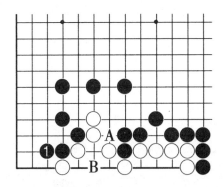

解答图

黑1退是正着，白棋左方做不出眼。如果随手打吃，白粘，就活了。

现在，若白A，黑可B点入。

问题图（黑先白死）

这是高挂定式之后形成的图形，白本可老实补活，但白△扳，贪心，就给黑提供了杀棋的机会。黑先，你怎样下？

中级

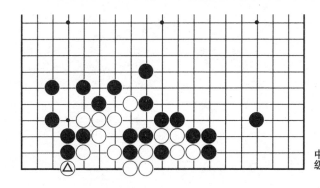

解答图

白有△子，等于三路的"肩膀"已团住，黑1必须马上点入。白2粘，黑3、5连扑，杀白。白2若3位粘，黑在2位扑入，亦杀白。

⑤
＝
❸

173

第三章

有关死活的攻防和有名目的手法

死活题中的攻防，是指双方对杀，是局部的攻防，不同于布局时的"虚路"攻防，也不同于中盘时的全局攻防。

有名目的手法是指"金鸡独立""倒脱靴"之类东西，它们本是攻防的一部分，但有个名目便容易记住。在这里，便把这类手法单独列出了。

一、有关死活的攻防

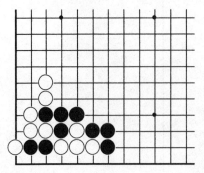

初级

问题图（黑先白死）

白有三气，黑只两气，但利用角端特殊性和白子有断点，黑先，黑可杀白。

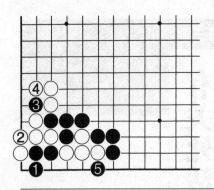

解答图

黑1立，使白无法从右方收气，白2粘，黑3断可长气，白4打，黑5扳，双方各有两气，但白"不入"，黑杀白。

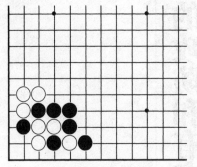

初级

问题图（黑先白死）

黑先，黑若提一子，白曲打，初学者执黑可能这样下。现在要求把角部白四子都吃掉。这是初级问题，望大家都会。

解答图

黑1打吃是常用手法，白2只有提，黑3立，白4团，黑5立，杀白。

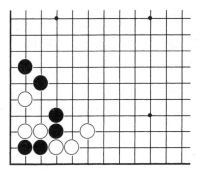

问题图（黑先白死）

简单收气，白子气长，但你如熟悉棋形，下出手筋，则可杀白。

初级

解答图

黑1挖是收气手筋。你初次下出这手棋时，可以认为是妙手。你熟悉棋形之后，则是常法。白2至7均为"逼着"，白死。

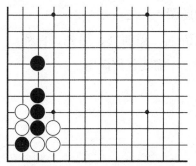

问题图（黑先白死）

黑子只有两气，白子有三气，利用角端特殊性，黑可杀白。这是最基本的常识，应用较广。

初级

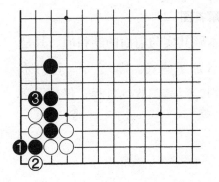

解答图

黑1立，白2扳，黑3曲，利用不入，黑杀白。这个棋形，不妨叫"立角长一气"。

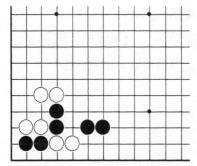

问题图（黑先白死）

这是换个方向的"立角长一气"。但必须利用白二路的断点。黑先，你怎样下？

中级

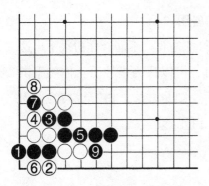

解答图

黑1立，长气之着，白2只能从这边收气。黑3冲、5粘，在收气之时给白制造一个断点。白6收气，黑7断制造不入，至黑9杀白。

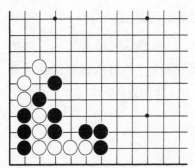

问题图（黑先白死）

白五气，黑四气，黑先，白死。在这里，不需要任何借用。

初级

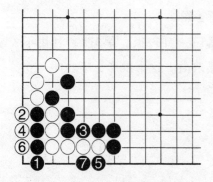

解答图

本题其实与前面的题相同，只是双方各加了些气。黑1立下，即可杀白。白2至黑7的收气过程，仅是示意图。

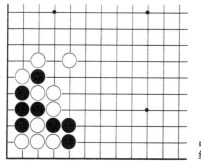

问题图（黑先劫）

黑三气，白四气。黑先，可以成劫。你打算怎样下？

这个棋形，应用较广。

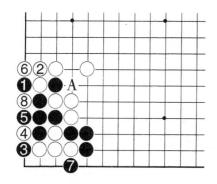

解答图

黑1打，是先手，白2粘或A提。黑3扳后，各有三气，但白找不到收黑气的着点。白4扑，黑5提，白6从外面打，黑7扳，白8提，形成劫争。这类图形叫"两扳长一气"。劫争是因为黑二路子只有三个，如果有四个，就不是劫争了。

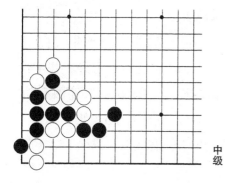

问题图（黑先白死）

白采用了"立角长一气"，但黑先，黑仍可杀白。你将怎样下呢？

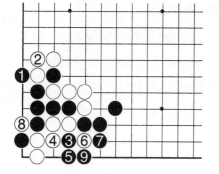

解答图

黑1打后，形成了"两扳长一气"，黑3开始收气。白6断虽可长一气，但无用，白8扑时，黑可不管，在9位提，杀白。

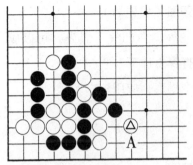

问题图（黑先劫）

这是"妖刀"定式的一型，白△是错着，应A跳。现在白出了问题，黑将怎样下呢？

高级

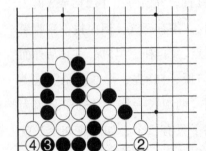

解答图

黑1扳，白2需补，黑3长、5扳，黑二路子有四个，就是典型的"两扳长一气"了。接下来白怎样下呢？

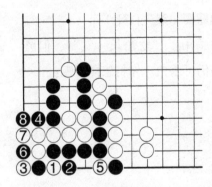

续前图

白1扑，黑2提，简单收气白不行。白3扑时，黑不管为好，黑4紧气。白5扑，至8成劫，黑外围有劫材，白不行。白5若于1位提，则黑7位扳，白5扑，黑提劫，黑先手劫，白不行。

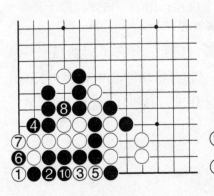

变化图

白1先在角端扑，则黑2粘，白3点入。双方收气至黑8，白9虽是先手劫，但黑10有本身劫材，白同样不行。

常听人说，"死活是基础"，便是指这类自然而然的能够遇到的死活。至于挖空心思创作的满盘残子的死活，其实只是一种游戏，不要说遇上遇不上，就是刚做过之后，有人问你，刚才那个问题图是什么样子的，你也不一定摆得出来。

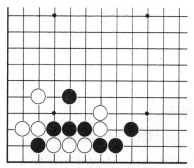

初级

问题图（黑先劫）

黑"二三"这个子，也有特殊性，黑先，可形成劫争。

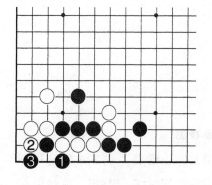

解答图

黑1扳，白2打，黑3做劫，成劫争。

这是特定下法：第一，黑子必须在这个位置；第二，白方二路子必须在三个以上，总体只有三气。

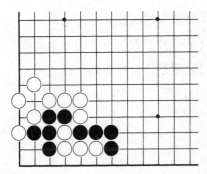

问题图（黑先白死）

白三气，黑两气，黑先，利用角上有利地形，可以杀白。你打算怎样下？

中级

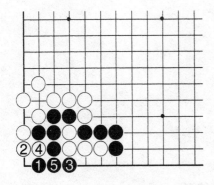

解答图

黑1尖，是长气要点，白2长入，黑3扳，至5止，成"金鸡独立"杀白。

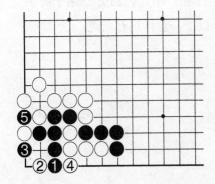

错着图

黑1立是错着，白2可在这里紧气，黑3挡，白4打，黑5提，成劫争。

为什么说黑1是错着，是因为白不宜打劫时，白2可走3位，还原成上图，选择权在白。

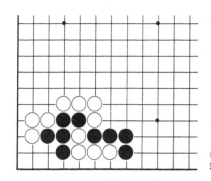

中级

问题图（黑先白死）

棋形相同，向边上移了一路，黑先，仍能杀白，但要换种下法。你怎样下？

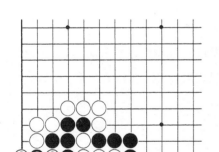

解答图

现在，黑1立是要点。白2送吃，是较好的一手。黑3打，白4反打，黑5收气，黑吃白。白在角上也有点儿收获。黑5若A提，则白6打成劫争。

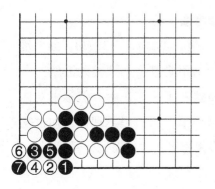

错着图

黑1立下，白2靠是错着，遭到黑3扳。白4夹已无效，黑5打要紧，至黑7，白仍被吃，角上白毫无收获。白4若6位扳，则黑4位，白损失更大。

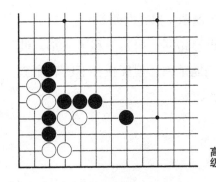

问题图

这是小目高挂后二间高夹的一型，白还该补一手棋，但初中级程度者往往不补。黑先，可以吃白三子。你会不会下？

高级

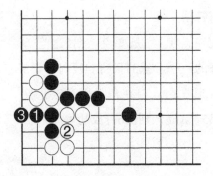

解答图

黑1挡，白2粘，黑3立。在这个部位，黑正好吃白。白2如果在3位扳，见下图。

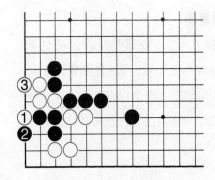

参考图（劫）

白1扳，黑2挡，白3做劫。如果是只管死活不管其余的"纯死活题"，也许将这一下法作正解。但本书劝你不要这样下，因为黑不理你，你也吃不干净黑棋了，你的损失会更大。

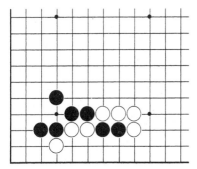

问题图（黑先白死）

两个黑子气紧，但你如果能发现手筋，可以杀死三个白子。黑先，黑3是关键。

高级

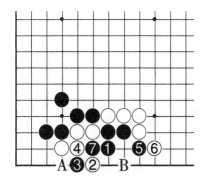

解答图

黑1大概谁都会下的。白2跳是最强抵抗。黑3靠是关键，留着自己的气，逼对方定形。白4只有粘，黑5虎，白6只有挡，黑7打杀白。接下来白若A提黑B成眼杀。

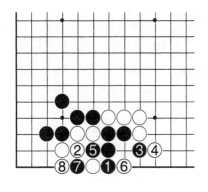

错着图

黑1挡，是容易出现的错着，撞紧了气，不好。白2粘，黑就不能净吃白子了。黑3、白4之后，黑5打吃，至白8成劫争。

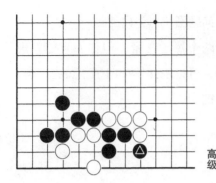

问题图（白先黑死）

黑▲不在角内作处理，急着往外虎，就给白子创造了表现妙手的机会。白先，黑死。

高级

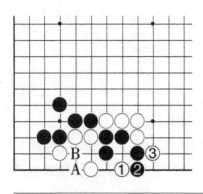

解答图

白1点妙手，黑2不能在3位长出，恐白断入。黑2挡，白3扳，杀黑。若有了黑A、白B交换，黑2就能在3位长出了。

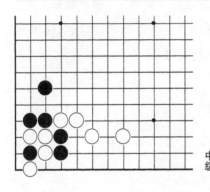

问题图（黑先白死）

注意，白一路打吃之子，在黑气少的两子一面，黑先，可吃住白子。这是常能遇见的棋形。

中级

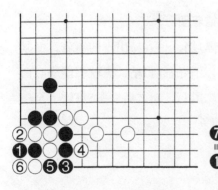

解答图

黑1立，白2只有打，黑3立，既延气，又攻白。白4紧气，黑5打吃，白6提，黑7扑入，杀白。

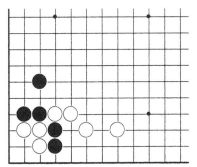

问题图（黑先白死）

比上题少了一手交换。黑先，黑仍能杀白，但要换一种方法。这个图形，也是常能遇见的。

中级

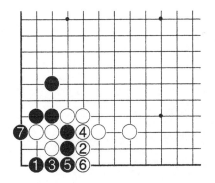

解答图

黑1要在气少的这边点入。白2收气，黑3退回，气就长了，至黑7吃白三子。这是双方皆正的下法。

白2若下3位，黑7位扳杀白，白亏损。

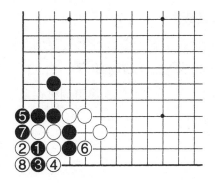

错着图

黑1"嵌"，想还原成前面那道题，但遭到白2在反方面打，情况就不同了。黑3立，白4打，黑5立，至白8，黑死。黑扑吃角上两子与黑二子不通连。

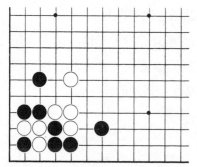

问题图（白先活角）

双方对杀的棋，白角上三子尚有生路。白先，你打算怎样下？

中级

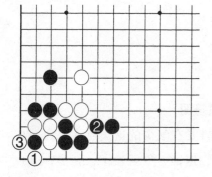

解答图

白1打吃是正着，黑2必须补，白3提，先活一个小角，再在外面作战，是正解。

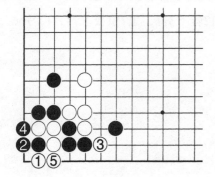

黑错着图

黑2立是错着，误以为白要追吃黑二子，黑再连回三子，不料，白3扳，直接吃住三子。黑4打，白5粘，成"金鸡独立"，杀黑。

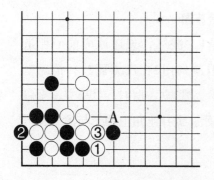

白错着图

白1扳，错着，误以为角上三子已死，被黑2打吃，就真的死了。白3还得落后手，白亏损。将来黑可伺机在A位长作战。

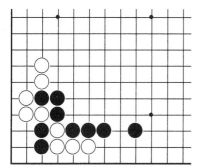

问题图（黑先白死）

黑子三气，白子四气，用和上题类似的方法，黑先，黑可杀白。关键在于左方白子的二路有弱点。

中级

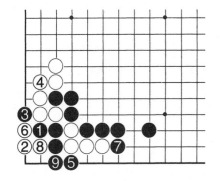

解答图

黑1挡，白2在这边点入，则黑3扳，白4粘走定。黑5扳，白6打，至黑9杀白。这类情况，不妨称为"不入长一气"。

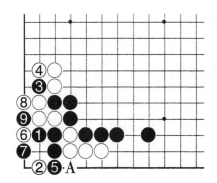

变化图（劫）

黑1挡，白2从这边点入，是破釜沉舟的下法。黑3断，白4打，黑5挡下，白6扳，黑7打，白8做劫，黑9提。虽成劫争，但白多半会得不偿失。白6若A挡，黑6位立杀白。

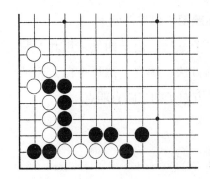

问题图（黑先白死）

白五气，黑四气，利用"不入长一气"，黑可杀白。黑先，你怎样下？

中级

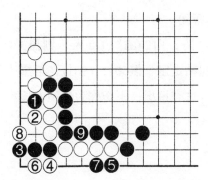

解答图

黑1断，白2只能这样打，黑3立，制造"不入"。白4以下收气，至黑9杀白。

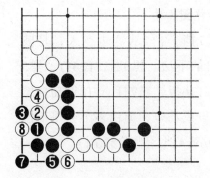

参考图

黑1曲、3打，虽然有点儿俗，但在这里也能行得通。黑5采用"立角长一气"之法，白6挡，黑7先在盘角做眼，白8扑，黑收气吃白。

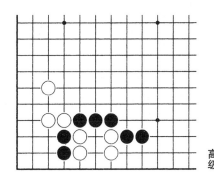

高级

问题图（黑先白死）

直接收气，白气长，但黑可延气，白难延气。黑先，黑怎样延气？

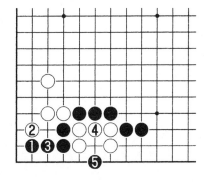

解答图

黑1跳，是长气要点，白2尖，黑3粘，白4粘却不能长气。黑5点入，杀白。以后是简单收气，可自行验证。

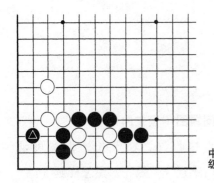

问题图（白先黑死）

黑▲跳是错着，给白提供了表演妙手的机会。白先，可杀黑，但不知你会不会。

中级

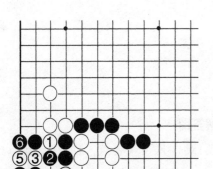

解答图

白1冲3断，初次用时可称妙手，熟悉之后称常法。黑4只能这边打，白5立多送一子，至黑8提，续见下图。

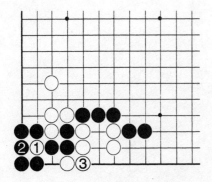

续前图

白1扑，黑2提，白3粘杀黑。这一手法有个名字叫"大头鬼"。黑棋的脑袋很大，棋形也有点儿像个"鬼"字。

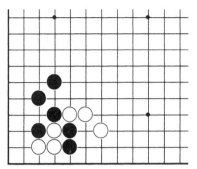

问题图（黑先白死）

会了"大头鬼"，吃住角上三个白子就不难了。黑先，你打算怎样下呢？

中级

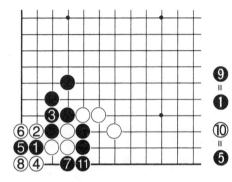

解答图

黑1扳，紧住白气，白2打，黑3粘。白4只能从这边打，黑5立至11，形成"大头鬼"杀白。

⑨
＝
①

⑩
＝
⑤

问题图（黑先白死）

黑白各有三气，白在角上有地形优势。黑先，消灭白的地形优势，便可杀白，你怎样下呢？

中级

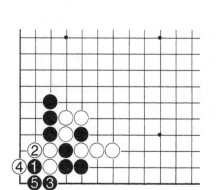

解答图

黑1夹，白2曲，黑3渡就杀死白子了。

这一手法只有在这个位置上才有用，但却常能遇上。可惜没有名称，不妨叫"二二夹叫"。

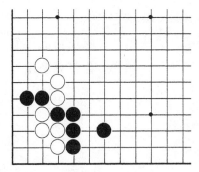

问题图（黑先白死）

粗看白占角有利，细看白棋形不佳。黑先，你如能下出手筋，便可杀白。

中级

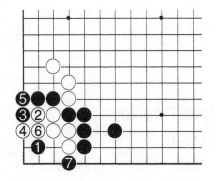

解答图

黑1点入手筋，抢占角部有利地形，虽然没有直接紧气，但以后白气会越来越紧。白2若紧气，黑3扳至黑7扳，黑杀白。

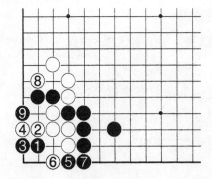

变化图

黑1点入，白2挡，则黑3立是要点，至黑9杀白。黑3若误走4位扳，被白在3位扑，会形成劫争。

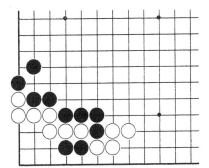

中级

问题图（黑先白死）

初级程度者，贪得官子，不注意毛病，撞紧了气还不补。

黑先，可以杀白，不知你会不会。

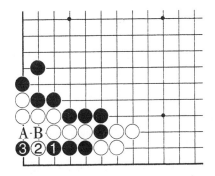

解答图

黑1爬，是谁都会下的。白2只有挡。黑3做倒扑是常用手筋，白死。

黑3若于A打是俗手，白B粘，杀黑。

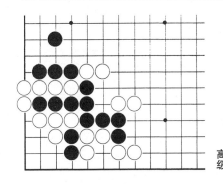

高级

问题图（黑先吃通）

大串黑子被围，幸亏白子有些毛病，黑先，可以吃掉几个白子而通连。你能找到白棋的毛病吗？

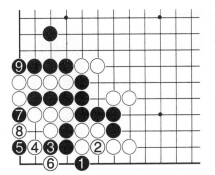

解答图

黑1打，白2粘，这两手下不下都可以。黑3曲，白4只有挡，黑5夹是关键。白6只有打吃，黑7扑，白8提，黑9打，吃通白五子。

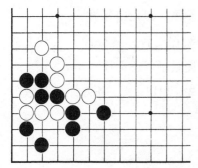

问题图（黑先白死）

黑三气，白四气，黑先，黑可杀白。你怎样下呢？

中级

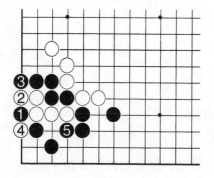

解答图

黑1扳，收白一气，要渡，白2只有挡，这手棋白未长出气来，黑3再收一气，就变成黑三白二了。这一手法，在官子时很有用。

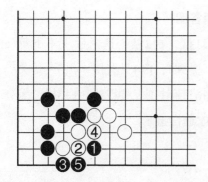

运用图

这是收官时常见棋形。黑1点入，白2团，黑3板，白不敢在5位挡，只能4粘，黑5渡。

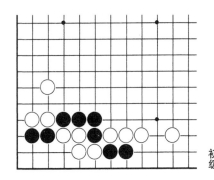

问题图（黑先白死）

黑白都是三气，黑先，可以杀白，但你必须找到收气的着点。

初级

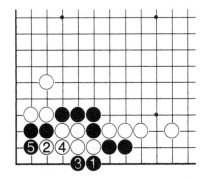

解答图

黑1扳是收气要点，是常用手筋。白不能在3位挡，恐黑4位打吃。今白2扳，黑3抓紧时机一打，白4粘，黑5曲，杀白。

197

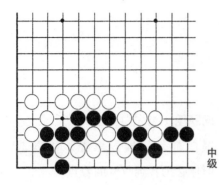

问题图（黑先白死）

黑白均三气，黑先可杀白。但你要注意，黑右方二路有弱点，别让白借机长气。黑第一手是关键。

中级

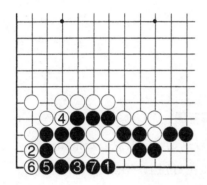

解答图

黑1点，常用手筋，阻止对方做眼，虽然没有直接紧气，但将来会长出气来。白方无法应，白2只有收气，至黑7连接，黑就长出气来了，杀白。

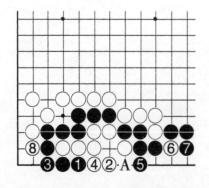

错着图

黑1急着紧气，则白2做眼，黑3粘，白4团。黑5至白8是示意图，因为黑5还可于A位扑入成劫争。但劫争比净杀已经差了很多。

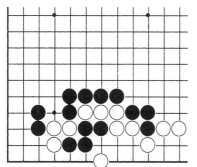

高级

问题图（黑先白死）

黑先，黑如直接收气，白能像上题那样从一路上绕过去。黑棋怎样来阻止白棋这样的手段呢？

解答图

黑1靠是手筋，瞄着A位打吃白子，白2只得应。有了这个交换，黑就可以放心收气了。至黑7形成"接不归"，杀白。

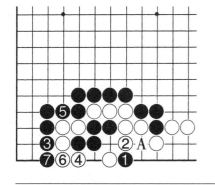

初级

问题图（黑先吃通）

白连接不善，被围黑子虽只有三气，但仍可吃通白子。黑先，你怎样下？

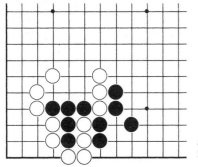

解答图

黑1断，关键之着。白2只有这样打。黑3、白4之后，黑5扑是又一关键，至7打，白不能再粘了，黑已吃通。黑3也可直接在5位扑。

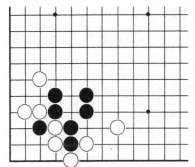

问题图（黑先吃通）

黑角子虽被切断，但白连接不善，黑可吃通。黑先，你将怎样下？

中级

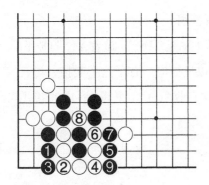

解答图

黑1、3连打，逼白2、4粘，灭掉白一路上的气。黑5夹，白6打时，黑7反打弃两子，白8提，黑9杀白。黑9也可于上方扑。

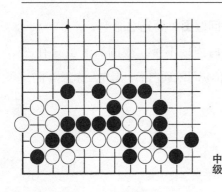

问题图（黑先吃通）

白空中有毛病，黑先，可以吃通白子。你怎样下？

中级

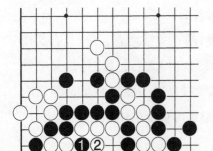

解答图

黑1断，白2只有在这里打，黑已制造了一个"不入"。黑3立下，白4收气，黑5收气，吃住白子。

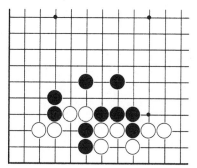

问题图（黑先吃通）

白棋形有病，黑先，黑可吃通，救出黑两子。你打算怎样下？

中级

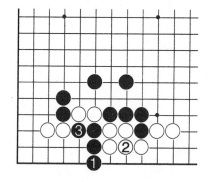

解答图

黑1立，是对付右下棋形的手筋，可长出一气。白2防黑在这里扑吃三子，黑3断吃两子是赶巧了。

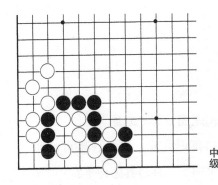

问题图（黑先吃通）

黑白对杀，黑有两种下法可吃通白子。黑先，你会一种还是两种呢？

中级

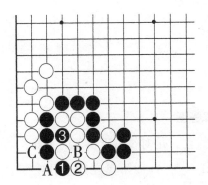

解答图一

黑1扳，是简单的一种，白2挡，黑3吃通。将来白有A提、黑B提、白C的官子。黑先时有黑C曲官子。

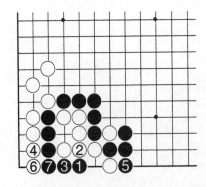

解答图二

黑1点，比较复杂一些。白2只有粘，黑3退回，至7杀白，双方把官子收完了。相比，本图黑1稍好。因为上图黑1白若B粘，也会下成本图，而本图黑1后，白无法下成上图。

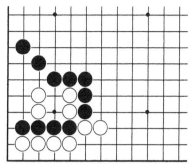

问题图（黑先白死）

白棋的"双"，俗称"板凳"，在实战中是好形，但在死活题中却不然，人们喜欢找它的毛病。黑先，你来找找它的毛病。

中级

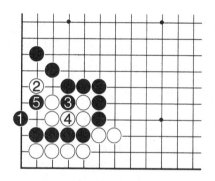

解答图

黑1尖，要渡，白2只有这样阻渡，黑3冲紧气，白4只有粘，黑5挤，巧手杀白。这道题显然是人工做出来的，但我们看到了巧手。

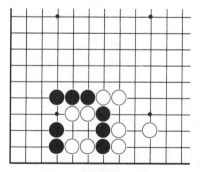

问题图（黑先白死）

这仍是对付"双板凳"的棋。黑先可以杀白，你将怎样下呢？

初级

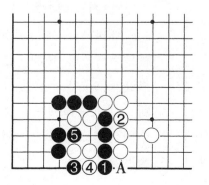

解答图

黑1立，常用手筋，白2只有紧外气，黑3扳，"双板凳"的弱点就暴露出来了。白4打，黑5打，白无法连接。白4若走A，黑可4位粘。这一手法也是常用的，不妨叫"盘渡长一气"。

203

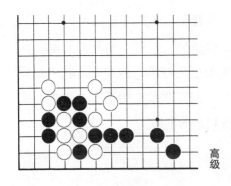

问题图（黑先白死）

这是《官子谱》上的一道题，上方黑子只有三气，必须紧逼角上的白子，才能起死回生。黑先，你怎样下？

高级

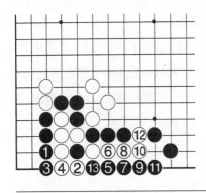

解答图

黑1打3立，是谁都会下的。黑5跳是常用手筋，白6冲时，黑7退这手棋是通常不能下的，现在正巧能下，至黑13吃通白子。这道题是人工做出来的，但教会了你一种手法。

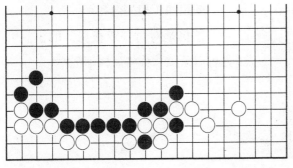

问题图（黑先白死）

通常情况是利用弃子收气来伤害邻近的白子，现在正符合这个条件。黑先，你怎样下？

高级

解答图

黑1打，白2提，黑3立，白4只有团眼。黑5跳是手筋，逼白6冲，黑得到7、9先手，然后11断、13点杀掉白角。这个图也是做出来的，因为黑▲不自然。

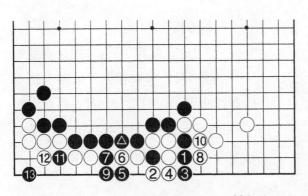

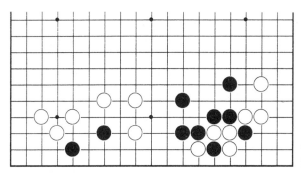

问题图（黑先救援）

黑虽无法杀白，但利用右边作战，可救援左边两个黑子。黑先，你打算怎样下？

高级

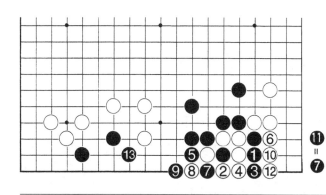

解答图

黑1至白4走定之后，黑5只能曲。白6收气，黑7扑、9打，是设法将黑子向左移。白10收气，黑11提后，13救援左方弱子。

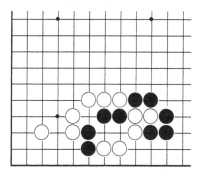

问题图（黑先白死）

双方棋形均有弱点，黑先，怎样击中对方弱点，而避开自己的弱点呢？

中级

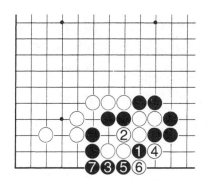

解答图

黑1打吃，白2必粘，黑3扳，黑1、3这两手棋配合是常用手筋。白4只有打，黑5打，白6提，黑7粘杀白。黑利用弃子，使白腾不出手来收黑气。

205

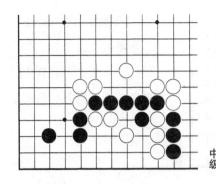

问题图（黑先白死）

这是《官子谱》上的一道题，白棋形不佳。黑先，有两种杀法，但关键之着是一样的。你能找到白子的弱点吗?

中级

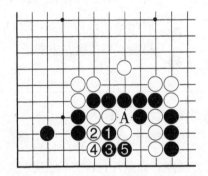

解答图一

黑1"卡"，是白两子带小尖这一棋形的弱点。白2冲，黑3立，白4冲下，黑5曲，杀白。白2若A粘，黑5位扳杀白。

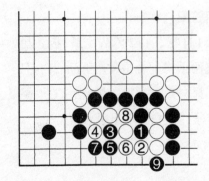

解答图二

黑1先冲也一样，白2挡，黑3卡，回到白弱点之处，白4冲至黑9杀白。白6如下7位，则黑6位打，回到上图情况。

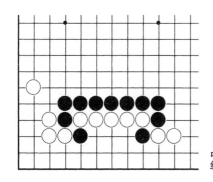

问题图（黑先白死）

白空中有两个残子，因白五子气紧，黑先，可吃住白五子。

中级

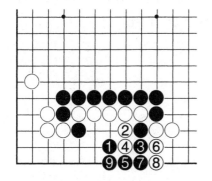

解答图

急着紧气是吃不住白子的。黑1居中一飞，就吃住白子了。白2至黑9是示意图。

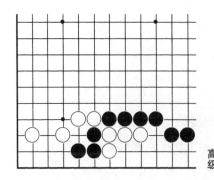

问题图（黑先白死）

黑无长气余地，白有长气余地。黑先，必须防白长气，不能杀白。

高级

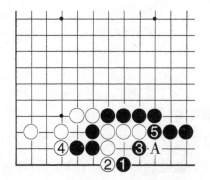

解答图

黑1点入，是不让白长气的关键之着。白2只有挡，若被黑在2位连回则黑气长。黑3尖，白4挡，黑5收气，白来不及在A断，白死。

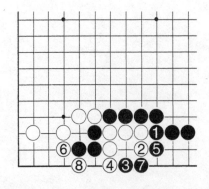

失败图

黑1团俗手，白2曲就长出气来了。黑3再点，白4挡下，至白8白吃黑。

208

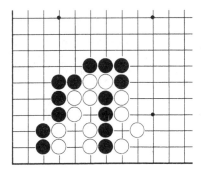

中级

问题图（黑先打通）

白棋形不佳，黑先，黑可以打通，或者可选择劫争及先手双话。第一手是关键。

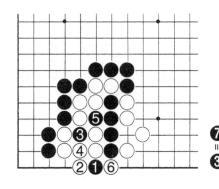

解答图

黑1扳是要点，白2打，黑3扑。至黑7，黑打通回家，白也逃回了大部分，是双方可以接受的结果。

⑦
=
❸

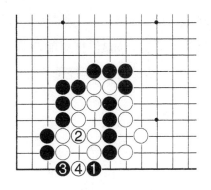

变化图

黑1扳时，白2粘强行抵抗，则黑可选择3位扳打劫和4位长黑先手双活的下法。

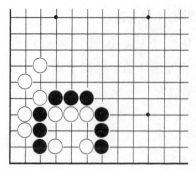

问题图（黑先打通）

这是能遇见的图形，白棋形有病，黑先，可以杀白。你能击中白棋要害吗？

中级

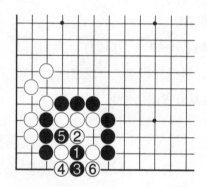

解答图

黑1"挖"，击中要害。白2只有在上方打，若于3位打，黑2位长，白就死干净了。今黑3立，至白6，续见下图。

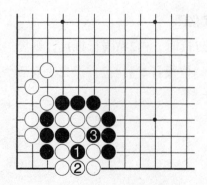

续前图

黑1扑是关键，如3位打则前功尽弃。今白2提，黑3再打，就打通了。

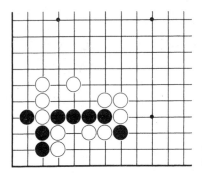

问题图（黑先打通）

黑四子被围，角上也未活，但白棋形有毛病。黑先，必须击中白棋形弱点，才能起死回生。

高级

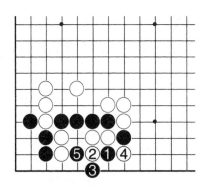

解答图

黑1扳，逼白2曲，使白形成"双板凳"，黑3扳是对付"双板凳"的常用手筋。白4只有打，黑5挖打，白已不能连接。

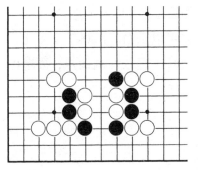

问题图（黑先打通）

黑子似已溃不成军，但白"双板凳"有毛病，黑下出一手棋就能起死回生。你不妨试试。

高级

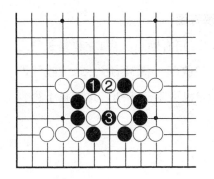

解答图

黑1断，起死回生之着。白到处都可打吃，但打吃哪里都有棋。白2打吃，黑3也打吃，白提一边，黑提另一边。这题当然是人为做出来的，但类似这种情况，中盘战中能遇到。

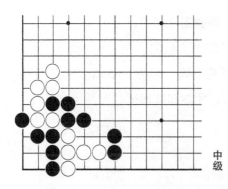

问题图（黑先白死）

黑白双方杀气，黑先，怎样才能使一路扳产生作用，长出气来杀白？

中级

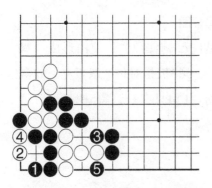

解答图

黑1"曲"要活，是唯一的长气之着。白2只有点入，黑3平凡收气，即可杀白。黑1如走别的，白下1位，则成劫争。

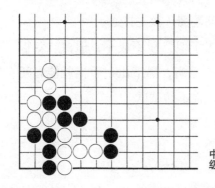

问题图（黑先白死）

黑先可以杀白。围棋千变万化，望你不要按上题依样画葫芦，要考虑怎样下最好。

中级

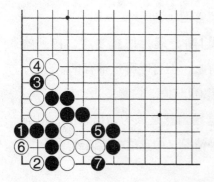

解答图

白二路有断点，黑1立也是长气之着。白2收气，黑3断后，5、7收气即可。黑3也可晚一步断。这样角上得到了空。

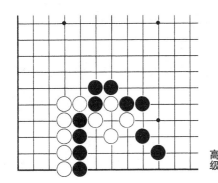

问题图（黑先白死）

这是《玄玄棋经》上的一道题，很有意思。黑先可以杀白，你将怎样下呢？

高级

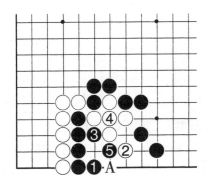

解答图

黑1曲，要渡，是易被忽略的好手。白2尖阻渡，黑3打后5做眼，成为眼杀。黑1若A跳则是错着，白2位尖，黑不行。

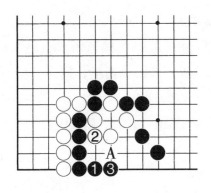

变化图

黑1曲时，白2若不让黑做眼，则黑3"并"就连回家了。白2如走A位，黑3"冲"，同样回家了。

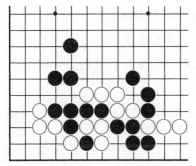

问题图（黑先打通）

黑子四气，白子五气，但白边上有缺陷，黑先可以打通白子。你打算怎样下？

中级

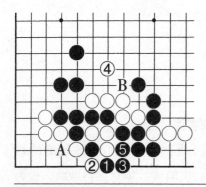

解答图

黑1、3滚打，是常用手筋，可以长出一气。白4逃出，则黑5打通。白4若A补，黑B收气，黑吃白。黑1、3可称为"滚打长一气"，是常用的。

二、有名目的手法

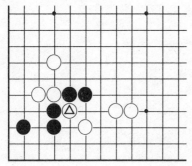

问题图（"相思断"）

黑子被断开，但白方棋形有毛病，黑先，可吃掉白△这个子而连通，不知你会不会。

初级

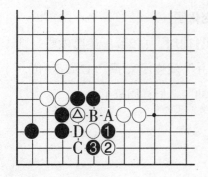

解答图

黑1跨，击中白棋形弱点，白2扳，黑3断。黑1、3两手，称为"相思断"，白△这个子就被吃住了。接着，白A则黑B；白C打，则黑D打。

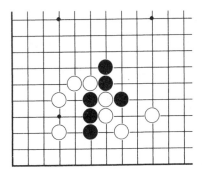

中级

问题图（黑先吃通）

黑三子好像很危险，但你若知道"相思断"，则可以救出这三个子。黑先，你打算怎样下呢?

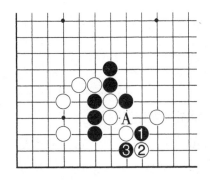

解答图

黑1靠下，白2扳，黑3断，仍形成"相思断"，可吃通上方两个白子。

白2若于A位团，则黑须采用另一个常用手法。答后述。

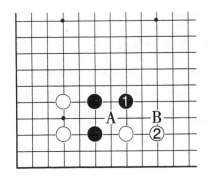

防患图

"相思断"是对杀中的一种常用手段，了解这一手段之后，黑1镇，白2是正着，瞄着A位刺断。白2若下B位，就不宜在A位刺断了。

215

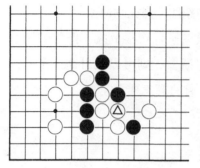

问题图（滚打包收）

上题说到白在△位"团"，黑子将怎样对付呢？黑方有另一种常用手法，叫"滚打包收"，不知你会不会。

中级

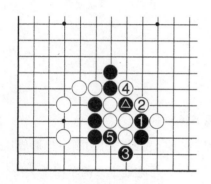

解答图

黑1必然，如果让白在这里连上，则万事皆休。白2打时，黑3反打，称"滚打"；白4提，黑5打称"包收"，统称"滚打包收"。黑棋就很容易求活了。

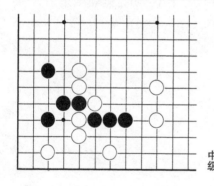

问题图（黑先突围）

黑先，黑下边三子，怎样突围最好呢？如果你会"滚打包收"，那就不难下对。

中级

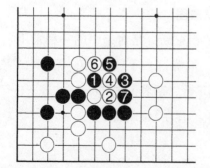

解答图

黑1打吃，要求吃通，白2不让吃通，黑3"枷"是要点。白4冲出，黑5、7"滚打包收"，虽不能吃住白子，但棋已很好下了。

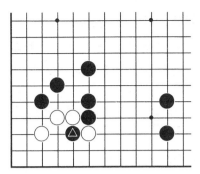

问题图（黑先战斗）

黑△一子如被吃，白角就活得很大。现在，黑外围有多子帮忙，黑先，你将怎样下呢?

高级

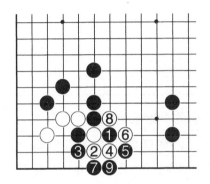

解答图

黑1打，白2只有立，黑3在里面挡，是勇猛之着。白4曲时，黑5是手筋，白6打，黑7反打，白8提，黑9再打，这个棋形叫"包收盘渡"。续见下图。

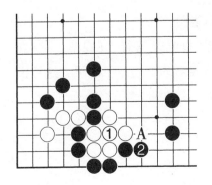

续前图

白1粘接，黑2退，黑有很多子帮忙，作战黑有利。黑2也可在A扳。

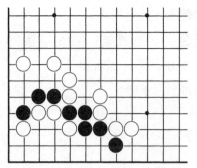

问题图（黑先白死）

黑先，你能杀死白子吗？如果你熟悉"滚打包收"，就不难入手。

高级

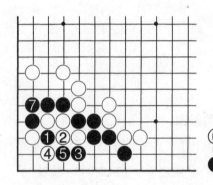

解答图

黑1断打，白2必粘，黑3打手筋，这是另一种手法形成"滚打包收"。白4只有提，黑5打，白6粘，黑7粘，杀白。

问题图（金鸡独立）

黑先，你能救出左边五个黑子吗？你如果熟悉"金鸡独立"，你就能找到白棋的毛病。

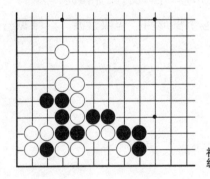

初级

解答图

黑1打吃是正着，白2粘，黑3立下。白左右均无法下子吃黑，这一棋形称为"金鸡独立"。

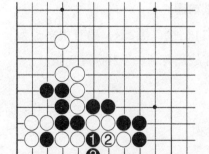

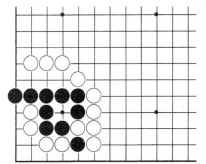

问题图（黑先活）

黑先，被围黑棋可以活出。你如熟悉"金鸡独立"，就能一眼看出白方的毛病。

初级

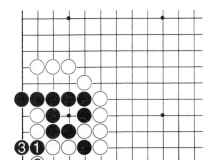

解答图

黑1断，击中白子弱点。白2打。黑3立，形成"金鸡独立"，吃住白方二子。白2若于3位打，则黑2位立，仍是"金鸡独立"。

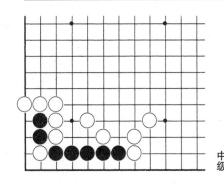

问题图（"倒脱靴"）

黑子被围，角上是"金鸡独立"的样子。黑先，黑还有办法求活吗?

中级

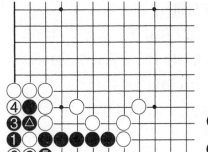

解答图

黑1在这边打，是绝处逢生之着。白2立，黑3粘，多送一子是关键。白4打，黑5亦打，白6提，黑7再在△位打，活了。由于黑四子棋形有点像鞋子，因此称"倒脱靴"。

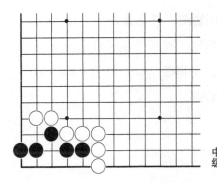

问题图（黑先活）

黑子似乎眼位不足，黑先，你如果熟悉"倒脱靴"，你就会活出这块黑棋。

中级

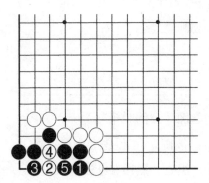

解答图

黑1挡，最大限度扩大眼位。白2点入，黑3挡，保证角端一眼。白4扑，黑5提，续见下图。

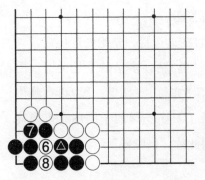

续前图

这是上图提子后情况，白6扑，黑7不能再提了，粘是正着。白8提四子，黑9在△位反吃白两子，活了。"倒脱靴"又称"脱骨"，有脱胎换骨之意。

9
=
△

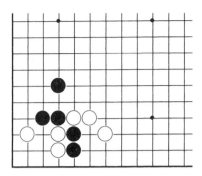

问题图（大头鬼）

眼看黑棋气短，但白子棋形有病，黑先可以杀白。请你仔细想一想。

中级

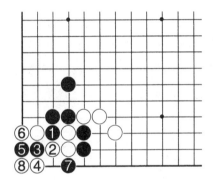

解答图

黑1冲、3断是常用手筋。白4打，黑5立多送一子是关键。至白8提，续见下图。

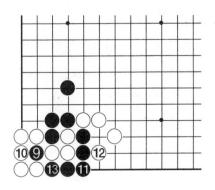

续前图

黑9扑，白10必须提，黑11粘，吃住白子。

这个棋形，称为"大头鬼"。"大头鬼"不是鬼，是古代的一种游戏。

221

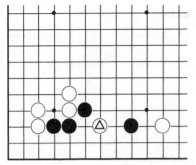

问题图

中盘战中，白△打入严厉。黑先，需借助"大头鬼"求转换。你打算怎样下呢？

高级

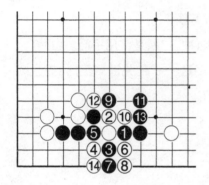

解答图

黑1顶，是求转换之着，白2只有退出。黑3明知不能渡而扳，黑5断后，形成"大头鬼"。至白14提，续见下图。

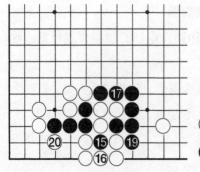

续前图

黑15扑要紧，至20止，是双方可以接受的结果。在这里不是吃住"大头鬼"，而是借机脱险。

⑱
=
⑮

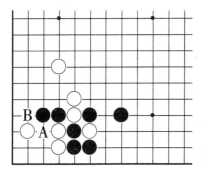

问题图（可吃而不吃）

这是"妖刀"定式的一个欺着图。黑先，若在A冲，可以形成"大头鬼"吃通。但高手们爱在B挡，为什么呢?

高级

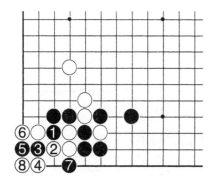

解答图

黑1冲，3断，虽也可下，但并不好，原因是黑下边无危险，不必急于吃通。至白8提，续见下图。

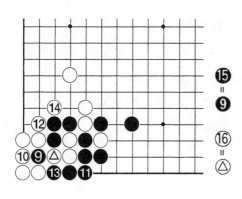

续前图

黑9扑后11粘，白12可逃走主体。黑13打，白14扳，黑15提三子，白16在△位回提一子。这一结果，"大头鬼"的"大头"逃走了，黑不上算。

⑮ = ❾

⑯ = △

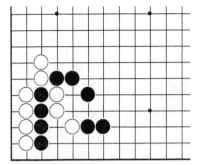

问题图（"隔岸呼舟"）

黑先，直接扳渡是不行的，但黑棋有另一种求渡方法，可以杀死白子。你不妨试试。

高级

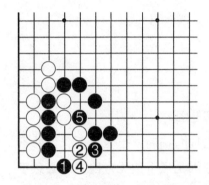

解答图

黑1尖要渡，白2立阻渡，黑3在另一边要渡，称为"隔岸呼舟"。白4阻渡，黑5挤杀白。要领是留着公气先要渡。

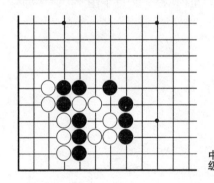

问题图（黑先杀白）

与上图大同小异，黑先，可以杀白。相信你已经会下，仅是加深一下认识。

中级

解答图

黑1尖要渡，白2立阻渡，黑3挡要渡，白4阻渡，黑5挤杀白。

白2若3位扳，则黑5位挤，白A，黑2位断杀白。

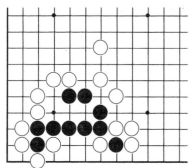

初级

问题图（左右逢源）

黑光，黑子可以活出，第一手是关键。你打算怎样下呢?

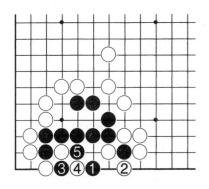

解答图

黑1跳，左右逢源之着，左有3位扑，右有2位立。白2提，黑3扑、5打，黑活。

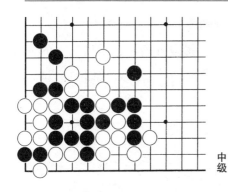

中级

问题图（黑先黑活）

被围黑棋尚有生路，黑先可以活出，第一手是关键。你将怎样下呢?

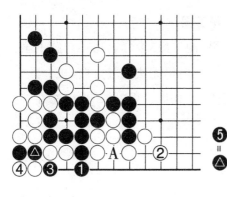

解答图

黑1立，左右逢源之着，左有3扑，右有A扑。白2补，黑3扑，白4提，黑5在△位扑，与白角对杀，成双活。

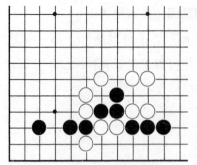

问题图（"黄莺扑蝶"）

黑子只有三气，黑先，怎样才能不让白子长出气来呢？这是一种很有趣的杀法，你不妨一试。

高级

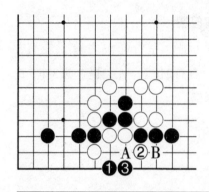

解答图

黑1在一路点，是唯一不让白子长气的妙手。白2扳，黑3再在一路并，已杀死白子。这个棋形称"黄莺扑蝶"。以下白如A粘，黑可B挡。

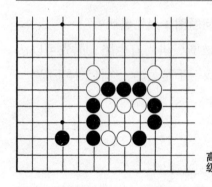

问题图（黑先白死）

这是我国古谱《官子谱》上的一道题。黑先，可以杀白，你不妨一试。

高级

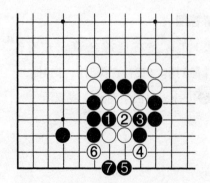

解答图

黑1冲，黑3紧气，白在二路上虽较宽松，但仍无法长气。白4扳，黑5仍可点，白6扳，黑7并，白无法在二路长出，白死。

三、几道构思巧妙的题

有些死活题构思很巧妙，在此略举几例。

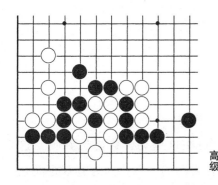

问题图（黑先白死）

这个图形，有可能遇见。白棋好像左右虎见合，总能成一眼，上方是一铁眼，是"三眼两做"的棋，但黑下出妙手，可能杀白。

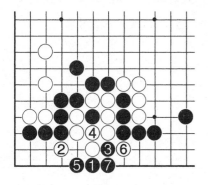

解答图一

黑1顶，意料之外，却在情理之中，留着两边的打吃，引而不发。白2虎，黑3打，白4提，黑5长，至7杀白，反方向也一样。白2若走5位，见下图。

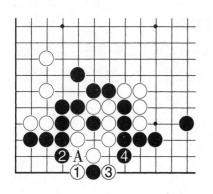

解答图二

白1打吃，则黑2破眼，白3提，黑4破眼，白死。白3若走4位，则黑A打，白提，黑3位长，白仍死。

227

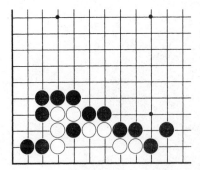

问题图（黑先劫）

这是我国元朝名谱《玄玄棋经》上的一道题，好在棋形可遇见，杀法匪夷所思。

高级

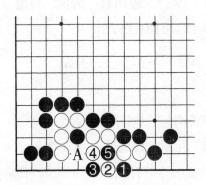

解答图

黑1在这里夹，你能想到吗？这是不合常法的一手，因为有双打而合理。白2只有虎打，黑3反打，白4做劫成劫争。白4粘或提，黑A可杀白。

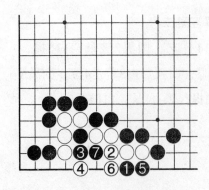

错着图

黑1夹，白2粘是错着。黑3多送一子破眼，白4打，黑5退回，至黑7杀白。

228

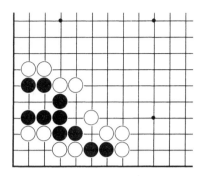

问题图（黑先劫）

这是清初名著《官子谱》上的一道题。好在棋形可以遇见，着法中暗藏机关。你不妨试一试。

高级

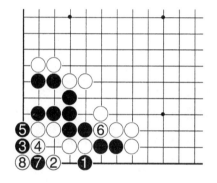

解答图

黑1扳，谁都会下。白2为了保住眼位。黑3点在这里是妙手。白4有点儿像凑着，却是本题的精华。至白8成劫争。白4若在6位断，见下图。

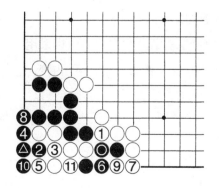

错着图

黑▲点入时，白1断是容易出现的错着，因为乍看双方杀气，白子气长。

于是，黑2、白3必走，黑4渡要做活，白5破眼。黑6粘是妙手，至白11提黑四子，黑12在▲位打吃回八子，这种着法叫"倒脱靴"。

229

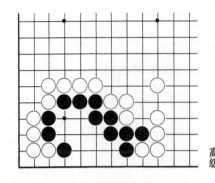

问题图（白先劫）

这是日本早年名著《围棋棋经众妙》上的一道题。好在没有太不合理的子。黑眼位这么大，居然还有死活问题。白先，你怎样下？

高级

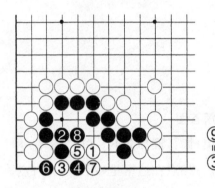

解答图

白1点入，要点。黑2粘是一手比较难理解的棋，但除此别无他法。白3扳至7是容易看懂的。黑8防白向右边渡，白9提成劫。

⑨＝③

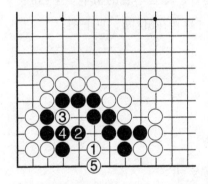

错着图一

黑2虎，形虽好看，却是错着。白3打，黑4粘后，白5立，两面可渡。至此可以看到，黑2自己把眼位填掉了。

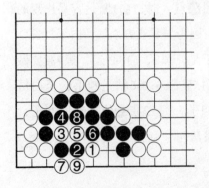

错着图二

黑2顶是初学者的错着，白棋采用3打、5退的俗手就能杀黑。至白9渡，黑死。

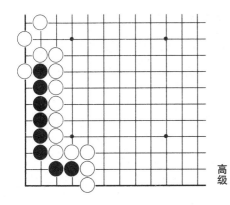

问题图（白先黑死）

这是我国现存最古老的棋谱《棋经十三篇》上的最有名的死活题"八王走马"。好在一是没有太不合理的子；二是着法非常精彩；三是有个响亮的名字。"八王"指黑子有八个；"走马"有变换或变更之意，指彼此送给对方吃子的着法。"八王走马"，汉朝时有这个故事。

高级

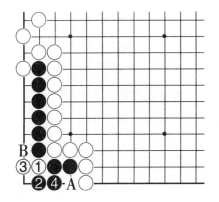

解答图

白1断，黑2打，白3立。现在黑如打吃白二子，白在4位扑，黑死。因此，黑4粘，反送白吃。白若A打，则黑B打，角上"倒脱靴"，活了。白该怎样下呢？

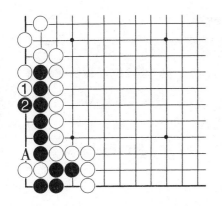

续前图

白1爬入，是不容易想到的一手，仍送角上两子。黑不能在A位打吃，因白可2位爬入。黑只能2打，到此，白又该怎样下呢？

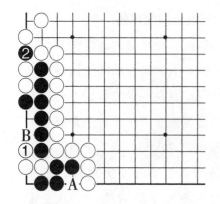

续前图

白1曲，好像是在送吃，但黑"不入"，不能吃角子，黑2只有提两子。现在，白若A打，黑B打，又活了。白该怎样下呢？

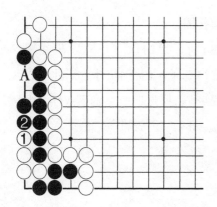

续前图

白1继续送吃，这样被吃后不就成"曲四"了吗？但不要紧，这叫"断头曲四"。现在黑不能在A粘，粘则成"金鸡独立"，是"后手死"。黑2只能打吃了。

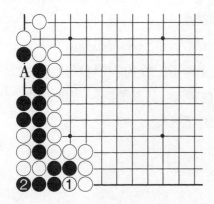

续前图

黑方先打吃角子，白1再来打吃。此时若白在A提，黑2位提就活了；白不提黑一子，黑也无法在A位粘。黑2只有先提。角上是"断头曲四"，边上还有一个眼位，但白仍可杀黑。

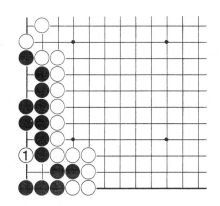

续前图

这是提子后的图形。白1做"倒扑"，黑死。

本题在攻杀过程中，不仅双方反反复复送吃，而且，"倒脱靴""金鸡独立""倒扑"等有名手段都出现了。

古人评诗词，说李太白《忆秦娥》中的"西风残照，汉家陵阙"八个字，抵得杜少陵的《秋兴》八篇。我说，这道"八王走马"，抵得《发扬论》中那些让人眼花缭乱的死活题十道八道。近来又有人热衷于韩国死活题，其实那和我国古代死活题是根本无法相比的。

本套图书《围棋进阶练习之棋形篇》（上、中、下三册）主要侧重围棋局部的各种"间架结构"，以弥补市面上其他优秀作品所未能涵盖的部分。通过八章专题的讲解，力图让围棋爱好者进一步具备优秀的棋形感觉。在内容的结构上，每章分例题讲解和习题精练两部分，并留有综合练习部分以供围棋爱好者巩固。

围棋进阶练习之棋形篇（上）——基础棋形
沙 砾 编著
幅面尺寸：170mm × 240mm
页　数：144
书　号：ISBN 978-7-5591-1375-7
定　价：28.00元

本册主要面向级位阶段的初级爱好者。

围棋进阶练习之棋形篇（中）——常见棋形
沙 砾 编著
幅面尺寸：170mm × 240mm
页　数：160
书　号：ISBN 978-7-5591-1372-6
定　价：28.00元

本册主要面向业余低段的中级爱好者。

围棋进阶练习之棋形篇（下）——实战棋形
沙 砾 编著
幅面尺寸：170mm × 240mm
页　数：148
书　号：ISBN 978-7-5591-1371-9
定　价：28.00元

本册主要面向业余中高段的爱好者。